으악!
도와줘요
과학 수사대

Discover Forensics by The Forensic Experts Group
Copyright © 2018 The Forensic Experts Group and Marshall Cavendish
International (Asia) Pte Ltd
All rights reserved.
No part of this publication may be reproduced or transmitted in any form or
by any means, or stored in any retrieval system of any nature without the prior
written permission of Marshall Cavendish International (Asia) Pte Ltd.
Korean edition © 2019 by Bookmentor Publishing Co., Ltd.
Korean translation rights are arranged with Marshall Cavendish International (Asia)
Pte Ltd through AMO Agency, Seoul, Korea.

이 책의 한국어판 저작권은 AMO에이전시를 통해 저작권자와 독점 계약한 북멘토에 있습니다.
저작권법에 의해 한국 내에서 보호를 받는 저작물이므로 무단 전재와 무단 복제를 금합니다.

과학 수사로 진짜 범인을 찾아라!

으악! 도와줘요 과학 수사대

법과학 전문가 그룹 지음 | 박여진 옮김

북멘토

들어가는 말

환영합니다!
여러분은 지금 과학 수사의 세계에 들어왔어요.

혹시 범죄를 과학으로 해결하는 방법에 관심 있나요?
범죄 현장의 증거를 과학적으로 조사하고 분석하는 방법이 궁금한가요?
그렇다면 이 책을 펼쳐 보세요!
이 책에서는 과학 수사의 다양한 규칙을 알아보고,
일상의 평범한 것이 범죄 해결의 결정적 단서가 되는 과정을 살펴볼 거예요.
TV 드라마에서 봤던 과학 수사의 잘못된 모습도 하나하나 파헤쳐 보고,
신문의 헤드라인으로 다루어진 사건도 아주 꼼꼼하게 들여다볼 거예요.
책을 읽는 동안 과학적인 서류 검증, 피해 분석, 섬유나 토양에 남은 증거 추적,
부식성 액체와 혈흔 형태의 분석 등을 차근차근 배워 보도록 해요.
또 윤리 의식과 도덕성이 얼마나 중요한지도 얘기해 볼 거예요.
이 책에 나오는 과학 수사 지식과 방법을 제대로 익히면
'누가, 언제, 어디서, 무엇을, 어떻게, 왜'라고 하는 육하원칙에 맞게
범죄를 설명할 수 있답니다.

참, 책을 읽기 전에 이 말을 꼭 기억하세요.
'모든 범죄는 흔적을 남긴다!'

차례

들어가는 말   5

1장 떼려야 뗄 수 없는 과학 수사와 증거   8

2장 도대체 누가 쓴 걸까?   22

3장 자른 걸까, 찢은 걸까?   34

4장 섬유 증거로 범인 추적하기   42

5장 토양 증거로 범인 추적하기   54

6장 앗, 뜨거워!   64

7장 범죄 현장에서 발견된 피   78

8장 과학 수사대의 불명예 사건   94

나가는 말   103

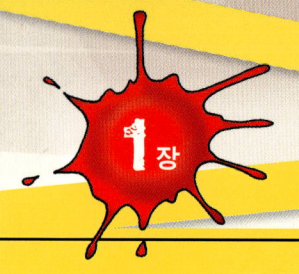

떼려야 뗄 수 없는 과학 수사와 증거

과학 수사가 뭐냐고?

과학 수사를 뜻하는 영어 '포렌식(forensic)'은 라틴어 '포렌식스(forensics)'에서 나왔어요. '공개 토론' 또는 '대중'이란 뜻이지요. 요즘에는 '법에 과학을 적용한다.'라는 뜻으로도 쓰인답니다.

과학   법

과학 수사대는 과학적인 방법과 기술로 여러 가지 범죄 증거를 조사하고 검증하는 일을 해요. 이렇게 알아낸 사실이 범죄 조사에 필요한 자료와 단서가 되고, 재판에 도움을 주기도 하지요.

과학 수사의 3가지 원칙

1. 개별성의 원칙
2. 분리의 원칙
3. 교환의 원칙

첫째, 개별성의 원칙은 '완전히 동일한 사물 2개는 없다.'는 원칙이에요. 각각의 사물은 본래부터 다른 것과 구별되는 특성이 있다는 뜻이지요. 언뜻 보면 비슷하게 보이는 두 물체도 철저히 조사하고 관찰하면 아주 작은 차이를 발견할 수 있어요.

둘째, 분리의 원칙은 '충분한 힘이 있다면 물질은 더 작은 단위로 나뉠 수 있다.'는 원칙이에요.

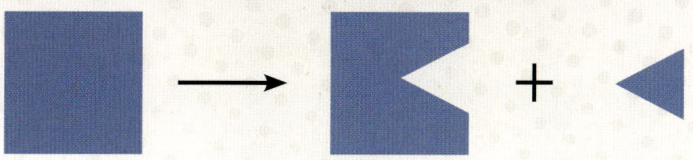

이 두 가지 원칙은 사물이 가진 개별성 또는 독특함과 관련이 있어요. 특히 범죄 현장에 남아 있는 흔적이나 신발 자국 등을 조사할 때 어떤 물체가 그 자국을 남겼는지를 추정하는 데 이 원칙들이 중요한 역할을 한답니다.

셋째, 교환의 원칙은 '로카르의 교환 법칙'으로 알려져 있어요. 바로 **'모든 접촉은 흔적을 남긴다.'**는 원칙이지요.

두 물체가 접촉하게 되면 한 물체에 있던 것이 다른 물체에 더해지거나 없어지면서 자신도 모르게 흔적이 남는다는 뜻이랍니다.

이 원칙을 토대로 DNA, 섬유, 페인트, 유리 조각, 흙 등 어디선가 묻어온 증거를 조사하면 수사에 필요한 기본 정보를 얻을 수 있어요. 예를 들어 교통사고를 생각해 보세요. 자동차와 자동차 또는 자동차와 사람 사이에 접촉이 일어날 때, 자동차 페인트나 바퀴 틈에 끼어 있던 유리 조각 등이 두 자동차 사이에 또는 사람과 자동차에게 옮겨지게 돼요. 싸움도 마찬가지예요. 사람 사이에 신체 접촉이 있으면 옷의 섬유 조각이 상대방에게 묻을 수 있어요.

유리 조각 　　　 페인트 조각 　　　 섬유 　　　 피

자동차에서 나올 수 있는 증거 　　　 사람에게서 나올 수 있는 증거

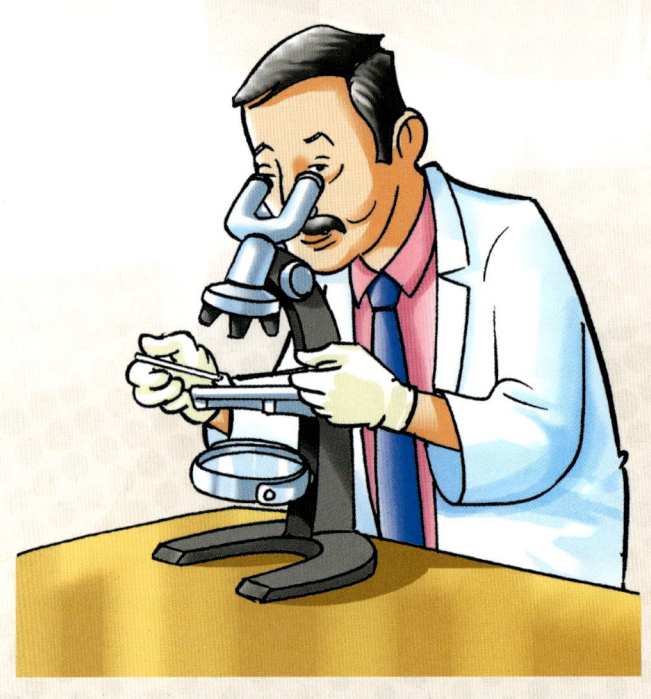

과학 수사의 창시자, 로카르

프랑스의 범죄학자이자 과학 수사의 창시자인 에드몽 로카르(1877년~1966년)는 '프랑스의 명탐정 셜록 홈즈'로 통해요. 의학을 공부했던 로카르는 어떻게 하면 과학을 범죄 수사에 적용할 수 있을지에 대해 고민했어요.
로카르는 제1차 세계 대전 때, 비밀 첩보 기관에서 시신을 검사하는 검시관으로 일했어요. 죽은 병사나 죄수의 옷에 묻은 핏자국이나 옷이 찢어진 모양 등을 토대로 죽은 원인을 밝혀내는 일을 했지요.
로카르는 지문 감식 분야에도 크게 기여했어요.
하지만 뭐니 뭐니 해도 가장 위대한 업적은 '교환의 법칙'을 만든 거예요.

과학 수사 분야에서 유명한 과학자가 또 있어요. 미국 출신의 폴 커크 박사인데, 『범죄 수사』라는 책에서 교환의 법칙을 더욱 확장시켰지요.

> 사람이 어디를 가든, 무엇을 만지든, 무엇을 남기든
> 무의식중이라도 반드시 침묵의 목격자가 생긴다.
>
> 지문이나 발자국뿐 아니라 머리카락, 옷의 섬유 조각,
> 깨어지거나 부서진 유리 조각, 물체 자국, 페인트 자국,
> 핏자국 등이 사건 현장에 남는다.
>
> 이 모든 것이 바로 '침묵의 목격자'이다.
> 이 목격자는 잊히지 않는 증거이다.
> 이 목격자는 순간적으로 흥분했다고 해서 혼란스러워하지 않는다.
> 인간 목격자처럼 재판에 결석하지도 않는다.
> 이 목격자는 오로지 사실을 이야기하는 증거이다.
>
> 물적 증거는 틀리지 않으며 거짓 증언도 하지 않고
> 완전히 사라지지도 않는다. 틀리는 것은 오직 그 증거에 대한
> 해석이다. 오직 인간만이 그 증거를 찾고, 조사하고, 이해하는 데
> 실패해서 그 가치를 손상시킨다.

로카르는 자신이 만든 원칙을 여러 범죄 수사에 시험적으로 적용했어요.
1912년, 세상을 떠들썩하게 만든 사건이 있었어요. 프랑스 여성 마리 라텔레가
부모님 집에서 죽은 채 발견되었어요. 처음에는 라텔레의 남자 친구 에밀 고빈이
용의자였지요. 하지만 고빈은 사건이 있던 날 밤 자신은 친구들과 카드놀이를
하고 있었다고 했어요. 경찰이 친구들에게 확인해 본 결과 고빈의 말은 사실이었어요.

하지만 로카르의 생각은 달랐어요. 라텔레의 시신을 검사해 보니 목 졸린 흔적이
발견되었어요. 고빈의 손톱 밑을 현미경으로 자세히 들여다보던 로카르는 거기서
화장품으로 보이는 분홍색 먼지 같은 물질을 찾아냈어요.

로카르는 사건을 좀 더 깊숙이 파고들었어요. 그때만 해도 화장품을 대량으로
만들지 않았기 때문에 라텔레가 주문했던 화장품 제조업자를 찾을 수 있었어요.
그런데 로카르의 추측이 옳았어요! 고빈의 손톱 밑에 있던 분홍색 먼지는
바로 라텔레가 쓰던 화장품이었어요. 마침내 고빈은 자신의 죄를 자백했어요.
알고 보니 고빈은 방에 있던 시곗바늘을 조작해 친구들을 속인 거였어요.
사건 시간에 자신이 친구들과 함께 카드놀이를 했다고 믿게끔 만든 거죠.
이 사건을 마무리하면서 로카르는 다시 한번 자신의 교환 법칙이 옳다는 사실을
증명해 보였답니다.

잠깐 생각해 봐!

오늘 여러분이 이동했던 경로를 떠올려 보세요. 집에서 학교까지 갔던
길도 좋아요. 뭔가 흘리거나 주운 것은 없나요?
혹시 있다면 무엇인가요?

증거가 뭐냐고?

증거는 크게 두 가지로 나뉘어요. **진술과 물적 증거!**

진술은 한 사람 또는 여러 사람이 진실을 말하겠다는 맹세를 하고 사건에 대해 말하는 거예요.

물적 증거는 크기나 형태를 가진 증거를 뜻해요. 그래서 주위의 모든 것이 다 물적 증거가 될 수 있답니다. 증거가 너무 많아서 일일이 확인하기 어렵더라도 과학 수사대는 모든 증거를 분류해 철저하게 조사한답니다.

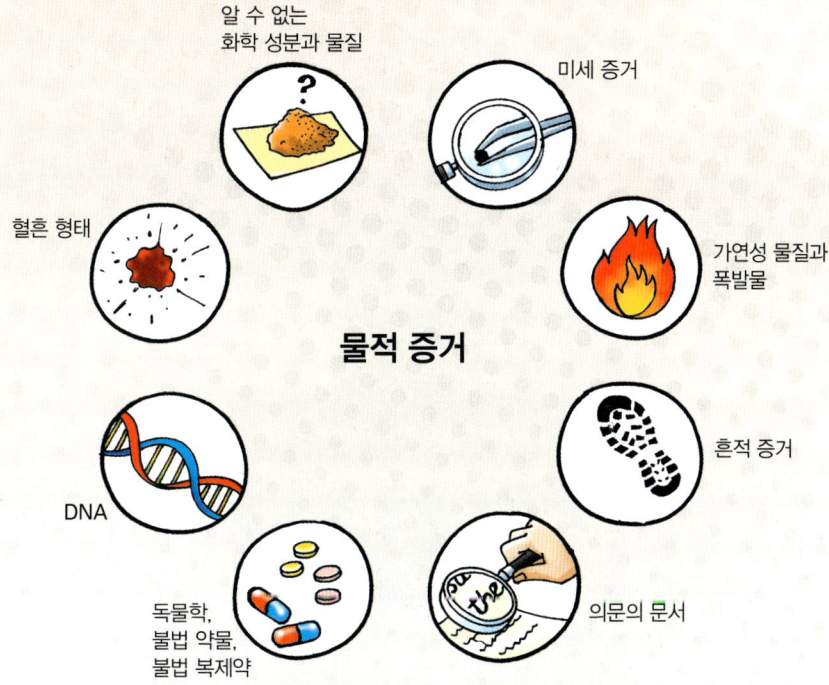

물적 증거

- 알 수 없는 화학 성분과 물질
- 미세 증거
- 가연성 물질과 폭발물
- 흔적 증거
- 의문의 문서
- 독물학, 불법 약물, 불법 복제약
- DNA
- 혈흔 형태

혈흔 형태
- 혈흔 형태는 사람의 움직임, 사용된 무기, 범죄가 일어났을 때 벌어진 일 등을 알아낼 수 있는 단서를 제공해요.

DNA
- DNA는 머리카락의 뿌리, 침, 피부 세포, 각종 조직, 정액, 피 등에서 뽑아낼 수 있어요. 분석을 통해 DNA의 주인을 알아낼 수 있답니다.

가연성 물질과 폭발물
- 화재나 폭발이 일어나면 남아 있는 물체, 쉽게 불이 붙거나 불에 잘 타는 가연성 물질 등을 수집해 증거로 활용해요.
- 증거를 분석하면 사용된 가연성 물질의 정체, 폭발에 사용된 물질의 정체, 최초의 화재나 폭발이 시작된 지점 등을 알아낼 수 있어요.

의문의 문서
- 의심되거나 문제가 있는 문서는 글씨체나 서명을 대조해 그 문서를 작성한 사람을 가려낼 수 있어요.
- 문서에 사용된 잉크를 분석해 문서의 출처를 추적할 수도 있어요.

흔적 증거
- 드라이버나 지렛대 같은 도구를 사물에 접촉했을 때 생기는 '도구흔'이나 총이 발사될 때 생기는 '발사흔'은 흔적 증거예요.
- 흔적 증거를 과학적으로 분석해서 문의 잠금장치를 부수는 데 사용한 도구를 찾거나 총알이 발사된 특정 총을 찾기도 해요.
- 발자국, 신발 자국, 지문은 누군가가 범죄 현장이나 사물에 접촉하면서 남긴 흔적 증거예요.

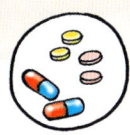

독물학, 불법 약물, 불법 복제약

- 독물학은 약물과 화학 물질이 사람과 동물에게 미치는 부작용을 연구하는 학문이에요. 독물을 과학적으로 연구하는 법의독물학은 약물 중독이나 약물 남용, 약물 복용으로 인한 사망, 도핑이 의심되는 사례 등을 조사할 때 아주 결정적인 역할을 해요.
- 불법 약물을 분석할 때, 과학 수사대는 증거물에 법으로 사용이 금지된 약물이 있는지 조사해요. 만약 그런 약물이 발견되면 얼마나 사용되었는지 알아내요. 불법 약물의 사용량에 따라 처벌의 종류와 기간이 결정되기 때문이에요.
- 불법 복제약은 진짜 약과 비슷하게 만든 가짜 약이에요. 대개 나쁜 방법으로 쓰이지요. 과학 수사대는 불법 복제약으로 의심되는 약이 있으면 과학적인 분석으로 진짜 약인지 아닌지를 구별해 내요.

미세 증거

- 미세 증거란 크기가 아주 작거나 양이 적어 맨눈으로 보기 어려운 증거예요.
- 미세 증거는 최초에 그 증거를 퍼뜨린 사람에게서 다른 사람에게로 쉽게 옮겨 다녀요.
- 페인트 조각, 섬유 조각, 흙, 유리 조각 등이 다 미세 증거에 포함돼요.
- 사람, 사물, 장소 등의 관계를 알아내는 데 도움을 준답니다.

알 수 없는 화학 성분과 물질

- 불량 식품, 오염된 약품, 의심스러운 백색 가루 등이 발견되는 사건도 있어요.
- 이럴 때는 다양한 분석 방법을 통해 불량 식품, 오염된 약품, 의심스러운 물질 등의 정체를 파악해요.

이것도 알고 있니?

과학 수사 분야는 엄청나게 넓어요. 과학 수사대가 증거를 조사하는 방식도 앞에서 설명한 것보다 훨씬 더 많아요. 또 다른 과학 수사 분야에는 어떤 것이 있을까요?

법곤충학: 부패한 시신에서 발견되는 곤충이나 절지동물*을 과학적으로 조사하는 학문이에요. 곤충의 성장 단계를 보고 피해자가 언제 사망했는지를 판단해요.

디지털 법과학: 컴퓨터나 휴대 전화 등과 같은 디지털 장비의 정보를 분석하는 학문이에요.

법의병리학: 법의학의 한 분야로, 사망 원인을 알아내기 위해 의사가 시체를 해부해 검사하는 학문이에요.

법회계학: 투자금 횡령 같은 금융 범죄를 수사하는 학문이에요. 대개 세무 기록이나 회사의 각종 장부, 재무제표 등의 자료를 분석하기 위해 과학적 회계 기술과 감사 기술을 사용해요.

* 절지동물에는 흔히 보는 곤충류, 거미류, 게·새우류, 지네류가 있어요.

물적 증거를 어떻게 활용하냐고?

첫째, 물적 증거는 수사관이 주요 범죄 요소를 알아내도록 도와주어요.
주요 범죄 요소에는 범죄 의도, 범죄 행위, 동시성, 인과 관계 등이 있어요.

- **범죄 의도**는 '범죄를 저지르려는 생각이나 계획'을 뜻해요. 범죄가 성립되려면 그 범죄를 저지르려는 의도가 있어야 하고, 그런 의도를 품을 수 있는 정신적인 상태여야 해요.
- **범죄 행위**는 범죄자가 범행을 저지를 때 취한 행동을 말해요.
- **동시성**은 두 가지 일이 동시에 일어나는 거예요. 범죄 의도와 범죄 행위가 동시에 일어나야 범죄가 성립된답니다.
- **인과 관계**는 범인의 의도와 행위가 범죄로 이어진 것을 말해요. 범인의 의도와 행위가 원인이 되어 그 결과로 사건이 일어나야만 범죄가 성립돼요.

둘째, 물적 증거는 범죄나 사고에서 '누가, 언제, 어디서, 무엇을, 어떻게, 왜' 했는지를 밝히기 위해 사건을 재구성하고 모의실험을 할 때 쓰여요.

이것도 알고 있니?

범죄 사건을 재구성할 때 던지는 "왜?"라는 질문은 범죄나 사고와 관련된 사람의 범죄 의도를 묻기 위한 것이 아니에요. 과학 수사대가 관찰한 사실을 설명하거나 그 이유를 밝히기 위해 던지는 질문이지요. 가령 이런 질문을 말해요. "왜 혈흔이 벽의 특정 높이에서만 발견되는 걸까?"

물적 증거는 범죄와 관련된 사람의 **신원을 알아내는 데도** 쓰이고 범인으로 의심되는 용의자가 피해자나 범죄 현장과 어떤 **연관**이 있는지를 밝히는 데도 쓰여요.

물적 증거는 피해자나 목격자 진술이 얼마나 믿을 수 있는 것인지를 판단하는 데도 중요한 역할을 해요. 피해자나 목격자의 주장을 반박하거나 그 진술을 확실하게 뒷받침하기 위해 물적 증거가 쓰이지요.

물적 증거가 확보되면 용의자가 스스로 죄를 **인정하거나 자백하기도** 해요. 이와 반대로 용의자의 **결백을 입증하거나** 죄 없는 사람이 처벌받지 않도록 하기도 해요.

진실일까, 거짓일까?

레벨 업

다음 제시하는 내용이 맞으면 '진실', 틀리면 '거짓'이라고 쓰세요.
1. 증거물이 많을수록 조사 기간이 길어진다.
2. DNA는 범죄 수사에서 가장 중요한 증거이다.
3. 과학 수사대가 되기 위해 관련 학위가 반드시 필요한 것은 아니다.
4. 분석을 통해 얻은 결과는 항상 옳고, 확실하다.

정답

1. **거짓** 증거물을 분석하는 기간은 증거의 유형과 사건의 복잡성, 사용되는 과학적 수단 등에 따라 달라져요. 그래서 아주 많은 자료를 분석할 때보다 몇 개 되지 않는 증거 자료를 분석하는 데 더 오랜 기간이 걸릴 때도 많아요. 사건 보고서 역시 하루 만에 완성되기도 하지만 몇 주 또는 몇 달이 걸리기도 한답니다.

2. **거짓** 사건에서는 범인이 '누구'인가를 밝혀 주는 DNA 증거뿐만 아니라 다른 증거들도 중요해요. 가령 미세 증거, 파손된 부분이나 흔적에 남은 증거 등은 범죄 행위에 있어서 '언제, 어디서, 무엇을, 어떻게, 왜' 등을 밝혀 주는 중요한 단서예요.

3. **진실** 과학 수사대가 되기 위해 반드시 관련 학위가 있어야 하는 건 아니에요. 과학 수사대가 되려면 화학, 물리학, 생물학, 수학 등과 같은 다양한 과학 분야에 대한 지식이 필요해요. 그런데 이러한 지식은 수사관 활동을 통한 훈련이나 과학 수사 관련 분야의 전문 과정을 공부하면서 쌓을 수도 있어요.

4. **거짓** 증거물 분석을 통해 얻은 결과가 늘 정답만 제시하는 것은 아니에요. 때로는 훼손되거나 오염된 증거, 불충분한 증거, 잘못 수집한 증거 등으로 인해 불완전한 결과가 나오기도 해요.

2장 도대체 누가 쓴 걸까?

벽에 남겨진 의문의 글씨

55세인 찬은 밤늦게 집으로 들어가다가 섬뜩한 광경을 봤어요. 자신의 집 현관문 옆에 붉은색 페인트로 'OP #10-1043'이라는 글씨가 쓰여 있었어요. 찬의 이웃집 벽에도 글씨가 쓰여 있었지요. 찬은 곧바로 경찰에 신고했고, 경찰은 곧장 수사를 시작했어요. 며칠 뒤 경찰은 범인을 체포했어요. 알고 보니 찬의 이웃이 악덕 사채업자에게 빌린 돈을 갚지 못해 벌어진 일이었어요. 찬의 이웃이 빚을 갚지 못하자 악덕 사채업자는 심부름꾼을 보내 아파트 벽을 훼손하는 짓을 저질렀지요. 공교롭게도 같은 아파트에 사는 찬까지 부수적 피해를 본 거고요.

잠깐 생각해 봐!
경찰이 어떻게 범인을 알아냈을까요?

이것도 알고 있니?

OP: '돈을 빌렸으면 돈을 갚아라.'는 말을 줄여서 쓴 거예요. 미국의 돈을 나타내는 '기호($)'와 영어 단어 '빌리다(Owe)'와 '갚다(Pay)'를 줄여 쓴 것이지요.

악덕 사채업자: 다른 사람에게 돈을 빌려주고 불법으로 높은 이자를 받는 사람이에요.

심부름꾼: 여기서 심부름꾼은 악덕 사채업자의 지시를 받고 돈을 빌린 사람의 아파트 벽을 훼손시킨 사람이에요.

부수적 피해: 피해를 주려고 한 목표뿐 아니라 다른 사람까지 피해를 입은 거예요.

필적 감정은 누가 만들었을까?

앨버트 셔먼 오스본은 '미국 문서 감정사회'의 설립자이자 문서를 과학적으로 검증하는 방법을 만든 사람이에요. 과학 수사로 큰 사건을 해결하는 데 결정적인 역할을 하기도 했지요. 그가 수사한 사건 중에는 '린드버그 유괴 사건'도 포함되어 있었어요. 오스본이 쓴 책 『의문의 문서들』은 전 세계 문서 감정 전문가들에게 중요한 교본이 되고 있답니다.

앨버트 셔먼 오스본(1858년~1946년)

이것도 알고 있니?

'린드버그 유괴 사건'은 많은 사람들에게 '세기의 재판'으로 알려진 사건이에요. 1932년 3월 1일, 세계적으로 유명한 비행기 조종사 찰스 린드버그의 20개월 된 아들이 집에서 유괴를 당했어요. 범죄 현장에는 손글씨로 5만 달러를 요구하는 쪽지가 남겨져 있었지요. 이후에 더 큰 액수를 요구하는 유괴범의 편지가 몇 차례 더 도착했어요. 여러 번의 협상 끝에 유괴범은 원하는 돈을 손에 넣었지만 안타깝게도 아기는 부모 곁으로 돌아오지 못했어요. 1932년 5월 12일, 아기의 시신이 발견되었지요. 유괴범을 잡기 위해 수사가 계속 진행되었어요. 문서 감정 전문가는 최초에 집에 남겨진 쪽지와 이후에 몇 차례 돈을 더 요구하는 편지를 쓴 사람이 같은 사람인지 알아내기 위해 문서를 분석했어요. 과학적 증거 분석과 경찰 수사가 힘을 합해 마침내 브루노 하우프트만이란 용의자를 잡을 수 있었어요. 하우프트만은 유죄 판결을 받고 1936년에 사형을 당했답니다.

필적 감정이 뭐냐고?

필적 감정은 문서에 쓰인 글씨체와 특정 글씨체를 비교해서 누가 그 문서를 썼는지 알아내는 거예요. 필적 감정은 기본적으로 세 가지의 과학적 원칙을 따릅니다.

고유성: 세상에 완전히 똑같은 글씨체는 없어요. 사람마다 지문이 다르듯 쌍둥이라도 글씨체가 완전히 같을 수는 없답니다.

자연적 다양성: 한 번 썼던 글씨를 완전히 똑같이 쓸 수 있는 사람은 없어요. 여러분도 같은 단어를 3번씩 써 보세요. 어떤가요? 사람은 기계가 아니기 때문에 아주 정확하게 똑같은 움직임을 반복할 수 없어요. 한 사람이 같은 단어를 써도

쓸 때마다 조금씩 달라지는데, 이걸 자연적 다양성이라고 해요.

반복되는 특징: 자연적 다양성 때문에 매번 글씨체가 조금씩 달라지지만 글씨체에는 그 사람 고유의 특징이 드러나기 마련이에요. 이 특징은 늘 똑같이 나타나고 반복된답니다.

이것도 알고 있니?

필적 감정에서 사용되는 몇 가지 전문 용어를 알아볼까요?

작성자 확인: 글씨 쓴 사람을 확인하거나 범죄 혐의를 받는 사람 가운데 아닌 사람을 제외하는 작업이에요. 쉽게 말해 이 사람이 문제가 되는 문서의 글씨를 쓴 사람인지 아닌지를 판단하는 작업이지요.

의문의 문서: 논쟁의 여지가 있거나 의문이 생기는 문서를 말해요.

표본 문서: 글씨를 쓴 사람이 확실한 문서나, 글씨를 쓴 사람이 누구인지 확인된 문서를 말해요. 표본 문서는 의문의 문서와 글씨체를 대조할 때 사용해요.

과학 수사대는 무엇을 찾을까?

과학 수사대는 문서 쓴 사람을 알아내기 위해 글씨체, 글씨와 글씨 사이의 간격, 글씨를 쓸 때 들어간 압력, 글씨를 쓰는 기법 등 그 글씨에 드러난 특성을 꼼꼼하게 분석해요. 가령 'ㅏ'라는 글자를 쓸 때 가로선을 먼저 썼는지 세로선을 먼저 썼는지까지 살펴본답니다.

과학 수사대는 글씨체에 드러난 한두 개의 유사성이나 차이점만 보는 게 아니에요. 의문의 문서와 표본 문서를 꼼꼼하고 세밀하게 비교해 각 글씨체의 특징을 정확히 알아내서 결론을 내리지요.

어떤 경우에는 범인이 자신의 정체를 감추기 위해 평소 쓰던 글씨체와 전혀 다른 모양의 글씨체로 문서를 쓰기도 해요. 과학 수사대는 이런 문서도 하나하나 구분하고 알아내는 작업을 한답니다.

> 글씨체로 사람의 성격을 판단하는 필적학은 과학적 필적 감정이 아니에요. 왜 그런지 생각해 보세요.

필기도구

필기도구는 글씨를 쓸 때 반드시 필요한 도구예요. 아래 그림을 보면서 필기도구의 역사를 살펴보세요. 여러분은 어떤 필기도구가 익숙한가요?

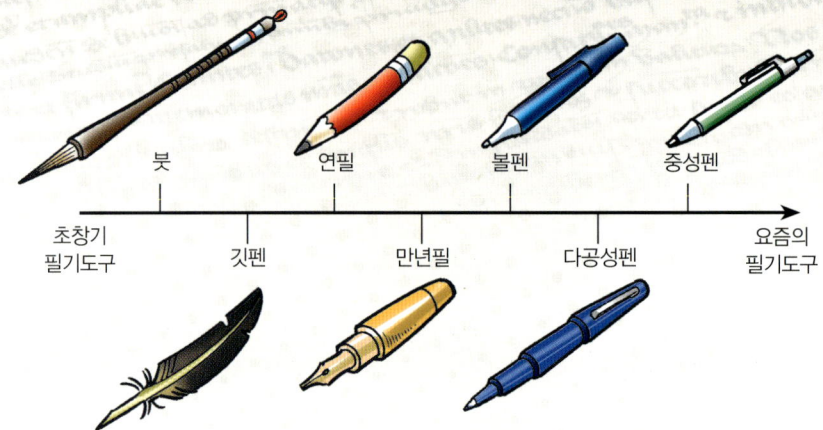

이것도 알고 있니?

볼펜은 헝가리 출신의 기자 라슬로 비로가 발명했다고 알려졌지만, 볼펜의 개념을 최초로 떠올린 사람은 미국인 존 라우드예요. 1888년, 존 라우드가 처음으로 볼펜의 개념을 생각해 냈지만, 그 아이디어는 상업화되지 못했어요. 그로부터 50년이 흐른 1938년에 라슬로 비로가 지금 방식의 볼펜으로 특허를 받았고, 오늘날까지 널리 사용되고 있답니다.

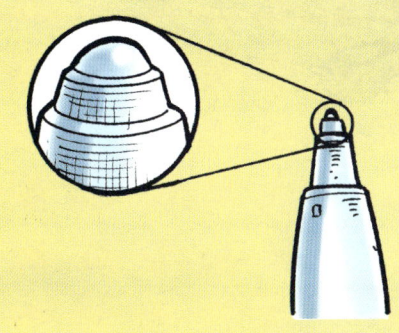

볼펜 끝부분을 확대한 모습

볼펜이 널리 쓰이는 데 결정적인 역할을 한 것은 바로 유성 잉크예요. 유성 잉크는 잘 번지지 않고 빨리 말라서 고도가 높은 곳에서도 사용할 수 있었어요. 이전에 사용하던 만년필은 고도가 높은 곳에서 사용하면 압력 차이 때문에 수성 잉크가 새곤 했지요.

볼펜의 끝부분에는 홈이 파여 있고 그 홈 안에 작고 둥근 볼이 들어 있어요. 볼펜으로 종이에 글씨를 쓰거나 그림을 그릴 때 이 볼이 구르면서 잉크가 흘러나오게 되지요. 이때 볼펜 안에 저장되어 있던 잉크가 종이에 옮겨져 글씨가 써지는 거예요. 볼의 크기에 따라 글씨의 두께가 달라진답니다.

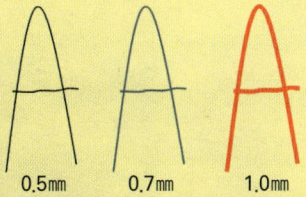

여러분은 좋아하는 볼펜이 있나요? 여러분이 좋아하는 볼펜의 두께는 몇 mm인가요?

잉크

잉크는 색소나 염료를 가진 액체 또는 끈적끈적한 풀 같은 거예요.

잉크의 발달

기원전 2500년

고대 이집트인과 중국인은 기원전 2500년쯤에 잉크를 발명해 사용했어요. 그들은 램프의 그을음 같은 미세한 탄소 알갱이를 염색제로 쓰고, 고무진이나 아교를 접착제로 썼지요.

5~15세기

중세에는 주로 철이 들어간 철분 찰흙 잉크를 사용했어요. 철염과 탄닌산으로 만든 검은색이나 흑갈색 잉크가 글씨를 쓰거나 그림을 그리는 데 사용되었지요.

15세기에 요하네스 구텐베르크는 기름 성분을 기반으로 하는 인쇄용 잉크를 발명했어요.

20세기

CMYK 4색 인쇄 방식이 발명되었어요. 밝은 파란색인 사이언(Cyan), 밝은 자주색인 마젠타(Magenta), 노란색인 옐로(Yellow), 검은색인 블랙(Black), 이 4가지 색을 조합해 다양한 색상을 만드는 거예요. 1970년대에는 다양한 인쇄용 잉크를 이용한 잉크젯 프린터가 개발되었어요.

필기용 잉크 분석

1. 물리적인 방법: 눈으로 보는 검사와 현미경 검사

글씨가 쓰인 문서를 볼 때는 두 가지를 살펴봐야 해요.

- 잉크는 무슨 색인가?
- 어떤 종류의 필기도구가 사용되었는가?

볼펜
잉크의 끈적끈적한 성질 때문에 잉크가 뭉쳐진 부분이 있어요.

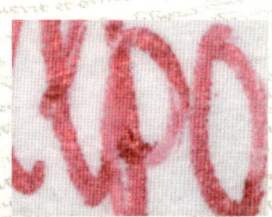

중성펜
잉크가 중앙에 살짝 모여 있어서 잉크가 끊어지기도 하고, 주요 잉크 선 옆에 자국이 나요.

촉이 섬유 재질로 된 필기도구
촉의 섬유 가닥이 일부 닳아서 주요 잉크 선 옆으로 가는 선을 만들기도 하지만, 대체로 선이 뚜렷하고 고른 편이에요.

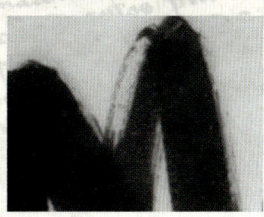

잠깐 생각해 봐!

볼펜과 중성펜의 잉크 성분은 같을까요, 다를까요?

2. 화학적인 방법: 얇은 막 크로마토그래피

크로마토그래피는 물질마다 이동하는 속도가 다른 것을 이용해서 여러 가지 물질이 섞여 있는 혼합물을 분리하고, 그 성분을 분석하는 방법이에요. 1903년 러시아의 식물학자 미하일 츠베트가 처음 생각해 냈지요. 식물의 잎에서 엽록소나 카로틴 같은 여러 색소를 하나하나 분리하는 방법을 고민하다가 찾아낸 방법이랍니다.

과학 수사대는 잉크의 성분을 분석하기 위해 얇은 막 크로마토그래피를 이용해요. 얇은 막에 검사할 잉크를 떨어뜨린 다음, 이 얇은 막을 용매가 든 통에 잘 세워 놓아요. 그러면 용매가 서서히 얇은 막을 따라 위로 올라가면서 잉크를 녹이고, 잉크 안에 든 색소가 하나하나 분리되지요.

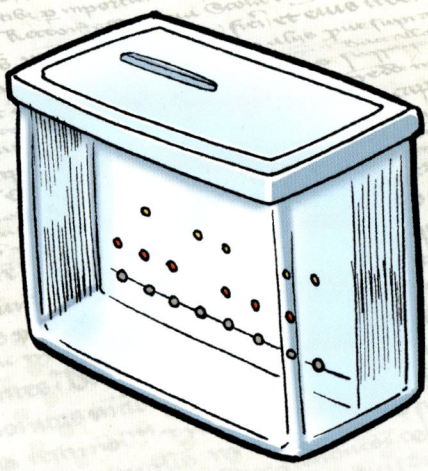

잠깐 생각해 봐!

물에 녹는 색소인 염료와 물에 녹지 않는 색소인 안료는 글씨를 쓰거나 그림을 그리는 잉크로 쓰이기도 하지만 자동차나 섬유에 색을 입히는 데도 쓰여요. 염료와 안료가 또 어떤 경우에 쓰이는지 생각해 보세요.

이것도 알고 있니?

아주 옛날에는 염료와 안료를 어디에서 구했을까요?

식물
샤프란, 강황, 목서초 등의 식물에서 노란색 색소를 얻었어요.

곤충
연지벌레 종류의 곤충에서 붉은색이나 주홍색 색소를 얻었어요.

바다 생물
문어 먹물에서 검은색, 오징어 먹물에서 검푸른색, 갑오징어 먹물에서 갈색 색소를 얻었어요.
티리언 퍼플은 고대에 쓰이던 자주색인데, 뿔고둥의 점액에서 얻었어요. 이 색소는 얻는 방법이 어렵기 때문에 값이 비쌌어요. 그래서 주로 귀족이 썼답니다.

사건 현장 들여다보기
'베어링스 은행의 파산' 사건

1995년 영국에서 가장 오래된 은행인 베어링스 은행이 파산했어요. 싱가포르 지점에서 근무하던 28세의 직원 닉 리슨이 큰 손해를 내면서 결국 파산하게 되었지요. 리슨은 승인을 받지 않은 불법 거래를 해서 은행에 막대한 손실을 끼쳤고 은행은 수십억 파운드에 달하는 막대한 빚을 지게 되었답니다. 은행에서 리슨이 이전에 저지른 불법 행위까지 찾아내자 리슨은 재빨리 말레이시아를 거쳐 독일로 달아났어요.

한편 싱가포르 경찰은 리슨의 사무실에서 문서를 발견해 과학 수사대에 검사를 의뢰했어요. 필적 감정 전문가들은 리슨이 문서를 위조해 은행을 속였다는 증거를 확보했지요. 리슨이 여러 문서에 쓴 서명들을 비교해 보니 모든 서명이 조금의 오차도 없이 완벽하게 똑같다는 사실이 밝혀졌어요. 다시 말하면 리슨이 서명 하나를 복사해서 여러 곳에 썼다는 증거가 나온 셈이지요.

필적 감정 전문가들이 발견한 증거 덕분에 리슨은 독일 프랑크푸르트 공항에서 체포되어 싱가포르로 인도되었고, 재판을 받게 되었어요. 결국 리슨은 3건의 문서 위조와 8건의 부정행위로 재판을 받아 6년 6개월 형을 선고받았답니다.

손글씨 써 보기

레벨 업

아래 사이트에 접속해서 이 페이지를 인쇄하세요.
http://www.forensicexperts.com.sg/discover-forensics-whowrotethis

다음 문장을 흰 부분에 손글씨로 써서 우리에게 보내 주세요!
(영어 문장을 그대로 써서 보내 줘야 합니다. 우리는 한국에 있는 과학 수사 연구팀이 아니에요.)

Dear Jennifer,
How are you?
It is a public holiday today in Singapore as we are celebrating our National Day! Our National Day falls on 9th August and I always look forward to watching the live broadcast of the parade on television.
When is your country's National Day and how do you celebrate it?
Excited to hear from you and I hope to visit you quite soon!
Your Pen-pal
Zak

The above passage was written by _____이름_____, age __나이__.

이 손글씨 페이지를 우리에게 보내 주는 것은 여러분의 손글씨가 우리 과학 수사 연구팀의 필적 감정 연구에 사용되는 것을 허락하는 것입니다. 여러분, 도와줘서 고맙습니다!

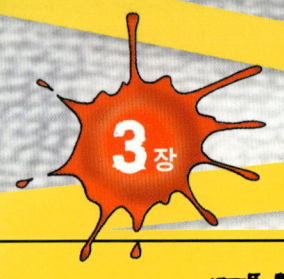

자른 걸까, 찢은 걸까?

공격을 당할 때 피해자가 입고 있던 옷이 손상되기도 해요. 칼이나 날카로운 도구에 의해 옷이 잘리기도 하고 가해자와 피해자가 몸싸움을 벌이다가 옷이 찢어지기도 하지요. 과학 수사대는 피해자의 물품에서 정보를 얻기 위해 **손상 분석**을 한답니다.

과학 수사대는 옷에 남은 손상을 검사하여 다음과 같은 사실을 확인할 수 있어요.

- 손상이 최근에 생긴 것인지, 오래전에 생긴 것인지를 알 수 있어요.
- 손상의 특징을 알아낼 수 있어요. **잘린 것**인지, **찢어진 것**인지, 자주 입어서 **닳은 것**인지 등을 알 수 있지요.

- 손상의 원인이 무엇인지 알 수 있어요. 가령 문구용 칼이나 큰 칼, 가위, 유리 조각 등과 같은 **날카로운 것에 잘린 것**인지, 아니면 **어떤 힘으로 찢어진 것**인지를 알 수 있지요.

잘린 것과 찢어진 것은 어떻게 다를까?

대개 가위나 칼처럼 날카로운 도구로 잘리면 잘린 면이 깔끔하게 나타나요. 날카로운 도구라 하더라도 종류에 따라 절단면이 다르게 나타나는데, 이 절단면은 각 도구의 물리적 특징에 따라 달라져요.

만약 물리적인 힘이 가해져 찢어진 경우라면 찢어진 면은 불규칙한 모양이 나타나요.

날카로운 도구나 물리적인 힘 외에도 마찰, 열, 화학 물질, 전기 같은 다른 원인에 의해서도 손상이 생길 수 있어요.

- 자연스럽게 해지고 닳은 것과 힘으로 찢어진 것은 어떻게 다를까요?
- 주머니칼이나 문구용 칼은 외날 도구라고 하고, 가위는 양날 도구라고 합니다. 왜 그렇게 부를까요?

칼의 이름과 쓰임 맞추기

레벨 업

칼 그림을 살펴보고, 칼에 알맞은 이름과 알맞은 쓰임을 찾아 줄로 이어 보세요.

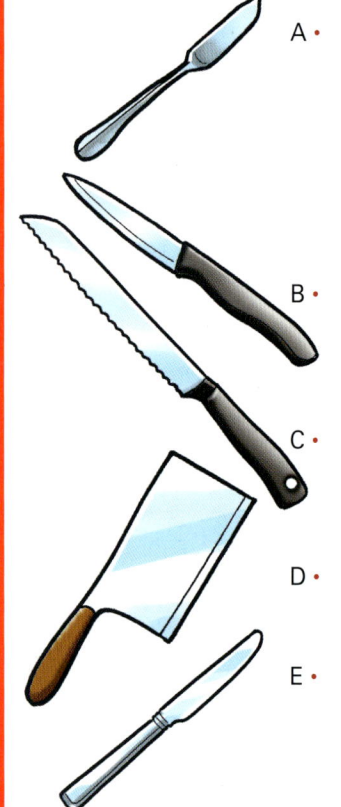

A •

B •

C •

D •

E •

• 버터 칼 •

• 도끼처럼 생긴 중국 칼 •

• 과일칼 •

• 빵 칼 •

• 생선 칼 •

• 톱니가 없고 버터를 펴 바를 때 쓰는 칼

• 크기는 작지만 날이 넓어서 생선 요리의 뼈를 발라내는 데 쓰는 칼

• 톱니가 있어서 빵처럼 부드러운 것을 뭉개지지 않게 자를 때 쓰는 칼

• 커다란 주방용 칼로 뼈처럼 단단한 것을 자를 때 쓰는 칼

• 작은 칼로 과일이나 채소의 껍질을 까거나 섬세한 작업을 할 때 쓰는 칼

 주의! 칼은 날카롭기 때문에 절대 장난을 치면 안 돼요! 크게 다칠 수 있어요!

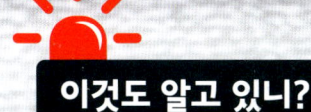

이것도 알고 있니?

- 자동차에 보행자가 부딪히는 교통사고가 나면 보행자가 입고 있던 옷의 섬유가 자동차의 페인트칠 된 곳에 묻기도 해요.
- 강한 산성 성분이나 염기성 성분은 섬유에 화학적인 화상을 일으킬 수 있어요.
- 사람이 벼락에 맞으면 입고 있던 옷에 엄청난 양의 전기가 흐르면서 옷이 찢어지거나, 녹거나, 탈 수 있어요.

함께 조사해 볼까?

운동복 차림의 25세 남성이 축구 경기장에 쓰러져 있는 것을 친구들이 발견했어요. 친구들은 구급차를 불렀지만 남성은 현장에서 바로 사망했어요.

사망한 남성은 친구들과 함께 축구를 하고 있었는데, 경기 도중 비가 내리고 천둥 번개가 치기 시작했어요. 결국 사람들은 경기를 중단하고 운동장에서 나왔지요. 그런데 함께 경기하던 친구 1명이 보이지 않았어요. 사람들이 운동장으로 돌아가 사라진 친구를 찾기 시작했어요. 얼마 지나지 않아 운동장에서 꼼짝 않고 누워 있는 친구를 발견했어요. 경찰은 사망 원인을 밝히기 위해 사망한 사람의 양말과 축구화를 분석 기관으로 보냈어요. 분석 결과 다음 사항들이 발견되었지요. 축구 경기장에서 과연 무슨 일이 일어났던 걸까요?

관찰과 발견

사망한 사람이 신고 있던 축구화에는 발끝 부분에 뾰족한 금속 핀 2개가 달려 있었어요. 그리고 금속 핀이 있는 위치의 안쪽 바닥에 구멍들이 발견되었지요.

구멍은 신발 가장자리와 엄지발가락 위치에 나 있었어요. 구멍의 가장자리에는 뭔가가 녹은 게 달라붙어 있었지요. 녹은 물질은 신발 안창에서 발견되었답니다.

무슨 일이 일어났던 걸까?

신발에 생긴 손상 흔적으로 추측해 볼 때 사망한 남자는 벼락에 맞았을 가능성이 높아요. 번개가 남자의 몸을 타고 흘러 내려가 신발을 지나 땅으로 흘러간 거죠. 이때 번개가 남자의 몸을 통과하면서 엄청난 열이 발생했고, 이 열 때문에 구멍 가장자리가 녹은 거고요. 번개의 전류가 남자가 신고 있던 신발의 금속 핀을 타고 땅으로 흘러 들어갔고, 이 과정에서 금속 핀 주위가 심하게 손상되었다는 사실을 추측할 수 있어요.

섬유에 생긴 손상

섬유에 생긴 손상은 섬유의 구조와 종류, 손상을 가한 도구, 손상을 일으킨 행위 등에 따라 다르게 나타나요. 섬유의 종류는 소재에 따라 천연 섬유나 합성 섬유로 나뉘어요. 합성 섬유는 고분자 재료로 만들어요. 고분자 재료나 플라스틱은 생활용품을 대량으로 만들 때 주로 쓰인답니다.

과학 수사대는 섬유에 생긴 손상 외에도 전선의 절연 물질, 고무관, 합성 밧줄, 테니스 라켓 줄, 안전띠, 팔걸이 붕대 등과 같은 다양한 합성 소재에 생긴 손상도 검사해요.

물체끼리 단단히 묶어 두거나 물체를 고정하기 위해 사용하는 접착테이프를 떠올려 보세요. 그 접착테이프가 뜯긴 것인지 가위나 칼로 잘린 것인지 구분할 수 있나요?

재료 찾기

레벨 업

다음 물건들을 만드는 데 사용되는 재료를 찾아보세요.

A. 밧줄

B. 비닐봉지

C. 눌어붙지 않는 프라이팬

D. 방탄조끼

케블라(Kevlar)®   폴리에틸렌   마(대마)   테플론(Teflon)®

정답: A. 마(대마) | B. 폴리에틸렌 | C. 테플론(Teflon)® | D. 케블라(Kevlar)®

이것도 알고 있니?

많은 연구원들이 새로운 소재의 고분자 화합물을 만들기 위해 끊임없이 연구하고 있어요. 스스로 열을 내는 소재, 힘껏 잡아당겨도 잘 버티는 소재, 열에 강한 소재 등을 개발하기 위해 노력하고 있지요. 케블라®와 테플론®도 연구원들이 개발한 고분자 화합물이에요.

케블라®를 처음 발명한 사람은 미국의 화학자 스테퍼니 퀄렉이에요. 1965년 스테퍼니 퀄렉은 같은 무게의 강철보다 5배나 강한 소재인 케블라®를 발명했어요. 이 튼튼한 소재는 방탄조끼, 경주용 카누, 타이어 등 다양한 물건을 만드는 데 쓰여요.

테플론®은 열을 견디는 능력이 뛰어나요. 쉽게 불에 타지도 않고 방수 기능도 뛰어나지요. 이러한 기능 덕분에 음식이 눌어붙지 않는 조리 도구를 만드는 데 많이 쓰인답니다.

사건 현장 들여다보기
'끊어진 번지 점프 줄' 사건

싱가포르의 유명한 관광지인 클락키에는 지맥스(G-MAX) 번지 점프라는 놀이 기구가 있어요. 지맥스는 다른 번지 점프와는 반대로 땅에서 하늘로 아주 빠르게 튕겨 올라가는 역방향 번지 점프예요. 그런데 2006년 5월, 지맥스 번지 점프가 허공으로 높이 치솟던 중 갑자기 줄 뭉치가 끊어지고 말았어요.

과학 수사대는 이 사건이 사고인지, 고의적 훼손인지를 알아내기 위해 끊어진 번지 점프 줄을 조사했어요.

분석 결과 번지 점프 줄 뭉치는 날카로운 도구에 의해 잘린 게 아니었어요. 줄 뭉치 중 일부가 낡고, 닳고, 늘어나면서 자연히 끊어진 것으로 밝혀졌지요.

이것도 알고 있니?

번지 점프 줄은 고무줄 수천 가닥으로 되어 있어요. 덕분에 고무줄 특유의 탄성과 장력을 지닌 줄을 만들 수 있지요. 이 고무줄 가닥들은 나일론이나 폴리에스터 또는 폴리프로필렌과 같은 재료로 만든 싸개로 둘러싸여 있어요.

탄성: 외부의 힘으로 변형된 물체가 그 힘이 없어졌을 때, 원래의 모양이나 형태로 되돌아가려는 성질이에요.

장력: 줄을 팽팽하게 잡아당겼을 때 끊어지지 않고 버티는 힘이에요.

섬유 증거로 범인 추적하기

섬유 증거는 미세 증거로 분류할 수 있어요. 미세 증거는 맨눈으로는 보이지 않는 아주 작은 크기 또는 적은 양의 알갱이에 남아 있는 증거를 말해요. 섬유는 물론 페인트 조각, 흙, 유리 조각, 탄약 잔여물 등도 미세 증거에 포함되지요.

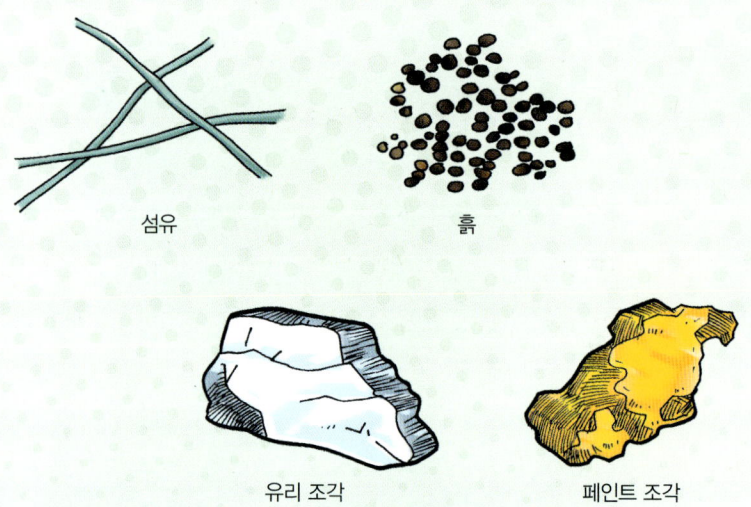

미세 증거는 범죄나 사고가 일어날 때 물리적인 접촉을 통해 옮겨져요.
사람과 사람, 사람과 물체, 사람과 공간 사이에서 발생한 물리적인 접촉을 통해
남게 되지요. 가령 다른 사람의 집에 침입할 때 쓴 쇠지레에 묻은 페인트 조각,
차와 사람이 부딪히는 교통사고가 났을 때 보행자에게 묻은 유리 조각,
총을 쏜 사람의 손과 옷에 묻은 탄약 잔여물 등이 모두 미세 증거예요.

총을 쏘면 총을 쏜 사람의 손과 옷에
아주 미세한 탄약 잔여물이 묻어요.

누군가의 집에 침입할 때 쇠지레를 쓰면,
쇠지레 끝에 그 집 문의 페인트가 묻을 수
있어요.

주변엔 온통 섬유, 섬유!

우리 주변에는 섬유가 정말 많아요. 침대 위의 이불, 물기를 닦을 때 쓰는 수건,
늘 입는 옷이나 양말, 들고 다니는 가방, 자동차 시트 커버 등이 모두 섬유예요.
접촉이 일어나면 이 섬유가 원래 있던 곳에서 접촉한 곳으로 옮겨진답니다.

주변을 둘러봐!
여러분 주변에는 얼마나 많은 섬유가 있나요?

이것도 알고 있니?

섬유의 잘라 낸 면을 살펴보면 재미있는 모양이 많답니다.

세 뿔 모양

둥근 모양

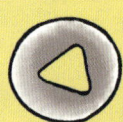
세모 모양 구멍이 난 둥근 모양

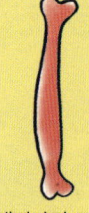
개뼈다귀 모양

섬유가 뭐냐고?

섬유란 직물이나 천을 구성하는 가장 작은 단위의 물질이에요. 보통 섬유는 가늘고 긴 모양으로 되어 있고 지름보다 길이가 훨씬 길어요. 대개 가느다란 섬유를 꼬아 긴 실로 만든 다음, 실을 가로와 세로로 엇갈려 엮거나 짜서 천을 만든답니다.

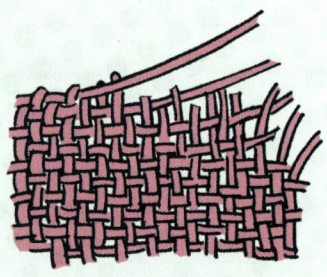
실을 가로와 세로 방향으로 번갈아 엮는 방식

옷장을 열어 봐!

옷장에는 다양한 소재의 옷들이 걸려 있을 거예요. 그 옷들은 실을 가로와 세로로 번갈아 엮어서 만들었나요? 짜서 만들었나요? 돋보기로 자세히 들여다보면 실의 짜임이 보일 거예요.

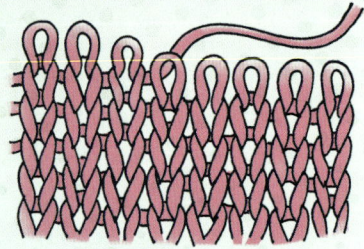
실 한 가닥을 고리 모양으로 연결해서 짜는 방식

섬유의 종류

```
                        섬유
               ┌─────────┴─────────┐
            천연 섬유            합성 및 인공 섬유
     ┌────────┼────────┐
    식물      동물      광물
```

- **식물**
  - 잎사귀
    (사이잘삼, 마닐라삼 등)
  - 씨앗이나 열매
    (목화, 케이폭 등)
  - 인피 섬유
    (아마, 대마, 황마 등)

- **동물**
  - 양모
  - 실크

- **광물**
  - 석면

- 폴리에스터
- 폴리아마이드(나일론)
- 폴리에틸렌
- 폴리우레탄

이것도 알고 있니?

- 인피 섬유란 식물 줄기의 바깥쪽에서 얻은 섬유로 아마, 대마, 황마 등이 있어요.
- 합성 섬유나 인공 섬유는 '중합 반응'이라고 하는 화학적 과정을 통해 만들어져요. 이 과정을 통해 작은 분자들이 길게 사슬처럼 이어지지요.

우린 손 잡는 걸 좋아하는 친구들이야!

- 또 다른 인공 섬유로 재생 섬유가 있어요. 레이온도 재생 섬유예요. 재생 섬유는 천연 섬유를 화학 물질로 녹여서 셀룰로스를 얻은 다음, 이 셀룰로스로 원하는 특징의 섬유를 다시 만든 거예요.

섬유 증거는 어떻게 활용될까?

모든 접촉은 흔적을 남겨요(로카르의 교환 법칙).
증거가 이동하거나 교환되는 방식에는 직접 이동과 간접 이동이 있어요. 간접 이동은 어떤 물체와 접촉한 적이 없는 사람인데, 그 물체의 흔적이 남는 경우예요.

사람과 사람 사이의 접촉을 설명해요.
두 사람 사이에 격렬한 몸싸움이 일어난 경우를 생각해 보세요. 두 사람 사이에는 분명 힘이 가해진 접촉이 오갔을 거예요. 결국 서로에게 상대의 섬유가 묻게 되지요.

사람과 물체 사이의 접촉을 설명해요.
교통사고가 나면 자동차와 보행자 사이에 접촉이 생겨요. 이때 보행자의 옷 섬유가 자동차에 묻기도 하고, 자동차에 섬유 자국이 남기도 해요.

유괴 사건의 경우 유괴당한 사람과 자동차 시트 사이에 접촉이 생기고, 그 결과 시트에 그 사람의 섬유가 남게 돼요.

사람과 공간 사이의 접촉을 설명해요.
도둑이 들었을 때, 도둑이 입고 있던 옷이나 장갑의 섬유가 깨진 유리창 또는 만졌던 물건의 표면에 남아 있을 수 있어요. 마찬가지로 도둑의 몸에도 침입했던 집에서 접촉했던 섬유가 묻을 수 있지요.

함께 조사해 볼까?

공항의 한 관세청 직원이 커다란 갈색 가방을 보고 수상하게 여겼어요. 그 안에 금지된 약물이 들어 있다고 의심했지요. 아니나 다를까, 가방을 검사해 보니 마약이 나왔어요. 이 가방을 들고 있던 두 사람이 용의자로 체포되었는데 둘 다 자기 가방이 아니라고 주장했지요.

수사관들은 두 사람이 함께 사는 아파트를 조사했고, 공항에서 발견한 마약과 비슷한 마약 봉지 12개를 발견했어요. 수사관들은 두 용의자와 가방 사이의 연관성을 찾기 위해 조사를 시작했어요.

잠깐 생각해 봐!

여러분이 과학 수사대라고 생각해 보세요. 용의자와 가방 사이의 연관성을 입증하기 위해 어떤 검사를 해야 할까요?

제1 용의자
제2 용의자

조사 결과 밝혀진 내용

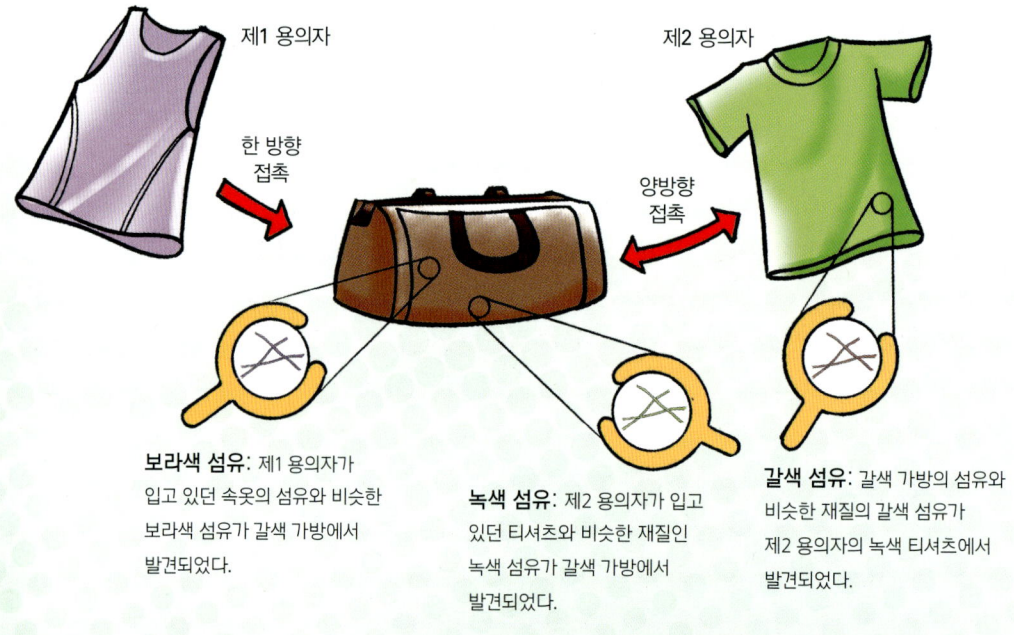

보라색 섬유: 제1 용의자가 입고 있던 속옷의 섬유와 비슷한 보라색 섬유가 갈색 가방에서 발견되었다.

녹색 섬유: 제2 용의자가 입고 있던 티셔츠와 비슷한 재질인 녹색 섬유가 갈색 가방에서 발견되었다.

갈색 섬유: 갈색 가방의 섬유와 비슷한 재질의 갈색 섬유가 제2 용의자의 녹색 티셔츠에서 발견되었다.

조사 결과, 두 용의자와 마약이 들어 있던 가방 사이의 **연관성**이 발견되었답니다.

이것도 알고 있니?

대한민국은 금지된 약물이나 마약에 관해 대단히 엄격해요. 반입이 금지된 약물이나 마약을 얼마나 소지했느냐에 따라 형벌이 달라지는데, 심한 경우에는 사형에 처하기도 해요. 예를 들어 '**법률 제15939호 마약류 관리에 관한 법률 제58조**'에는 돈을 벌 목적이나 상습적으로 마약을 접한 사람은 사형에 처할 수도 있다고 되어 있어요.

머리카락 한 올이라고 무시하지 마!

고도로 훈련된 노련한 과학 수사대는 머리카락 한 올에서도 많은 사실을 알아낼 수 있어요. 머리카락의 색이나 단면의 모양은 물론 자세히 관찰해야만 알 수 있는 구조적인 특징도 발견하지요.

머리카락의 구조

머리카락은 모표피, 모피질, 모수질 이렇게 3개의 층으로 되어 있어요.

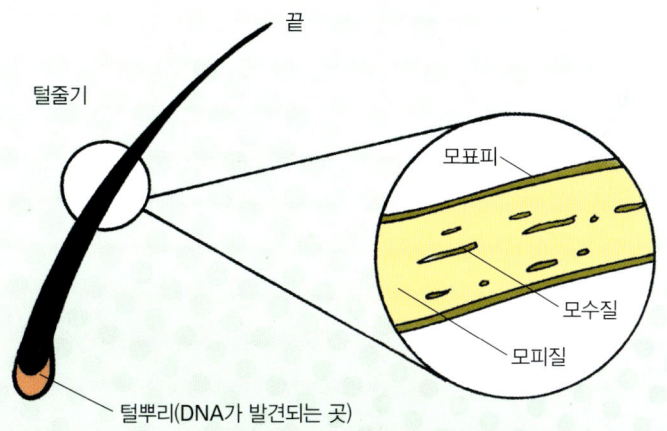

- **모표피**는 머리카락의 가장 바깥층으로 큐티클이라고도 해요. 물고기 비늘처럼 겹겹이 겹쳐져 있어요.
- **모피질**은 머리카락의 중간층이에요. 멜라닌 색소가 모여 있어 머리카락의 색을 결정해요.
- **모수질**은 연필심처럼 머리카락의 가장 중심부예요. 머리카락 굵기에 따라 모수질이 없기도 하고, 끊어져 있기도 해요.

머리카락을 분석해 봐!
여러분 몸에 난 다른 털과 머리카락을 비교해 보세요. 모양과 질감이 비슷한가요?

머리카락에 관한 흥미로운 사실

곧은 머리와 곱슬머리의 차이

곧은 머리와 곱슬머리는 머리카락 단면의 모양이 달라요.

염색하면 머리카락에 무슨 일이 생길까?

머리카락을 염색하면 염색약이 모표피나 모피질 속으로 들어가게 돼요. 그런데 탈색은 달라요. 탈색은 머리카락이 가지고 있는 원래 색소를 파괴하는 거예요.

나이가 들면 머리카락은 왜 하얗게 변할까?

머리카락 색을 결정하는 건 멜라닌이라는 검은색이나 흑갈색의 색소예요. 나이가 들면 머리카락에 있는 멜라닌 색소가 줄어들면서 머리카락 색이 하얗게 변해요.

파마하면 머리카락에 무슨 일이 생길까?

파마를 하면 머리카락이 구불구불해지거나 곧게 펴져요. 파마를 하는 동안 머리카락에 무슨 일이 일어나는 걸까요?
머리카락은 원래 황(S) 원자들이 서로 단단하게 연결되어 있어요. 그런데 파마약(환원제)을 바르면 황 원자들의 연결이 끊어져요. 머리카락을 원하는 모양으로 구부리거나 펴기 쉬워지지요. 머리카락 모양을 바꾼 다음, 그 상태에서 파마약(산화제)을 바르면 다시 황 원자들이 연결된답니다.

사람 털과 동물 털의 차이

과학 수사대는 현미경으로 털 표본을 관찰하여 사람의 것인지 동물의 것인지를 판단해요. 사람 털과 동물 털은 각각 독특한 특성이 있어요. 예를 들어 길이나 색깔, 모수질의 모양, 모표피의 비늘 모양 등이 저마다 다르답니다.

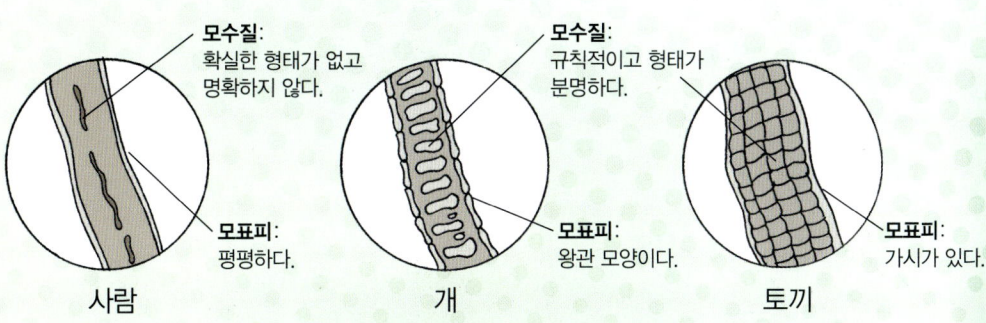

$$\text{모수질률(MI)} = \frac{\text{모수질 지름}}{\text{머리카락 한 가닥의 지름}}$$

사람 → $\frac{1}{3}$ 이하

동물 → $\frac{1}{3}$ 이상

사건 현장 들여다보기
'머리카락 한 올' 사건

1985년 10월 30일 밤, 미국 매사추세츠주의 스프링필드에 있는 어느 집에 강도가 침입해 78세 여성 노인을 성폭행했어요. 이 사건의 범인으로 17세였던 조지 패럿이 체포되었지요.
피해자의 침대에서 발견된 그의 머리카락 한 올이 결정적 증거였어요. 그런데 정액이나 혈흔도 발견되지 않고 DNA 검사도 이루어지지 않았어요. 머리카락만이 패럿의 유죄를 입증하는 유일한 물적 증거였어요.

미국 연방 수사국(FBI) 요원인 웨인 오크스가 재판에 증인으로 출석해 증언을 하게 되었어요. 오크스는 자신을 머리카락과 섬유 분야의 전문가라고 밝히며, 사람의 머리카락이나 털은 저마다 특징이 있어서 사건 현장에서 나온 머리카락과 다른 사람의 머리카락을 확실히 구분할 수 있다고 주장했어요. 또 경력이 10년이나 된 자신이 사람들의 머리카락을 구분하지 못할 리 없다고도 말했지요. 그는 사건 현장에서 발견된 머리카락을 아주 꼼꼼히 조사해서 세부적인 특징들을 발견했고, 이 특징들로 미루어 볼 때 패럿의 머리카락이 확실하다고 증언했어요.

결국 패럿은 종신형을 선고받았어요. 그런데 정작 사건의 피해자는 범인과 패럿의 생김새가 전혀 다르다고 주장했어요. 범인은 짧은 머리에 면도가 깔끔하게 잘된 사람이라고 증언했지요. 피해자의 주장과 달리 패럿은 긴 머리에 턱수염과 콧수염이 덥수룩했어요. 피해자는 경찰들이 진행한 범인 식별 절차에서도 범인을 찾아내지 못했어요.

그렇게 30년이 흐른 2016년, 미국 고등법원이 조지 패럿을 범인으로 확정하려면 머리카락을 현미경으로 분석해야 한다고 명령하면서 상황이 달라졌어요.
결국 패럿은 2017년에 무죄 판결을 받았어요.

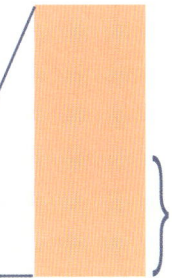
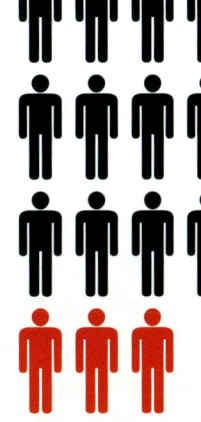

3,000 FBI에서 잘못된 분석 기술을 사용해 증언한 사건의 수

500 잘못된 기술을 적용한 사례 중 지금까지 재검토가 이루어진 사건의 수

257 재검토 결과 검찰이 FBI의 잘못된 증언을 토대로 용의자를 유죄로 기소한 사건의 수

33 FBI의 잘못된 증언으로 사형 선고를 받은 피고인의 수

9 사형이 집행되어 억울하게 사망한 피고인의 수

교훈과 앞으로의 과제

과학 수사대는 증거 분석에 사용되는 과학 기술의 장점과 한계를 명확히 알고 있어야 해요. 또 움직일 수 없는 확고한 증거를 토대로 엄밀하고 신뢰할 수 있는 결론을 제시해야 해요.

이것도 알고 있니?

조지 패럿처럼 잘못된 판결로 억울하게 유죄 판결을 받은 사람을 위해 DNA 검사 등 재조사를 해서 무죄를 증명할 수 있도록 도와주는 '이노센트 프로젝트'가 시작되었어요. 이노센트 프로젝트에 관해 더 자세히 알고 싶다면 '8장. 과학 수사대의 불명예 사건'을 읽어 보세요.

5장 토양 증거로 범인 추적하기

사건 현장 들여다보기
'버려진 자동차' 사건

2008년 10월 20일 아침, 왕씨와 친구들은 싱가포르의 부킷 티마 자연 보호 구역 주변을 달리고 있었어요. 그런데 갑자기 어디에선가 지독한 악취가 났어요.

왕씨와 친구들은 죽은 동물이 썩는 냄새일 거라고 생각했어요. 하지만 알고 보니 한 여성의 시신에서 나는 냄새였지요.

대체 무슨 일이 일어났던 걸까?

2008년 10월 16일 로슬리는 사업 문제로 추를 만났어요. 추가 운전을 하는 차 안에서 둘은 사업 이야기를 나눴어요. 그런데 부킷 티마 자연 보호 구역을 지나던 중, 갑자기 추가 차를 세웠어요.

그때 두 사람은 돈 이야기를 나누고 있었어요. 로슬리는 추가 자신에게 빚을 졌다고 주장했지요. 차 안에서 말싸움을 벌이다가 로슬리는 추를 때리기 시작했어요.

얼굴을 맞은 추는 밖으로 나가 이야기하자며 차에서 내렸지요.

추가 경찰을 부르겠다고 말하자 로슬리는 추의 휴대 전화를 홱 낚아챘어요. 그러고는 계속해서 추를 때렸고, 결국 추가 쓰러졌지요.

로슬리는 쓰러진 추를 경사진 비탈 아래의 숲으로 밀어 버리고 그대로 혼자 가 버렸어요. 머리를 크게 다친 추는 결국 사망하고 말았지요.

로슬리는 추의 자동차를 운전해 아주 멀리 떨어진 잘란 쿠보까지 갔어요. 그런 다음 커다란 나무에 일부러 자동차를 부딪치고는 추의 노트북과 가방만 챙겨 차를 버리고 달아났지요.

이 사건의 경우 토양 증거가 어떻게 사용될 수 있을까요?

토양이 뭐냐고?

토양(흙)은 다음 그림과 같이 다양한 것들의 혼합물이에요.

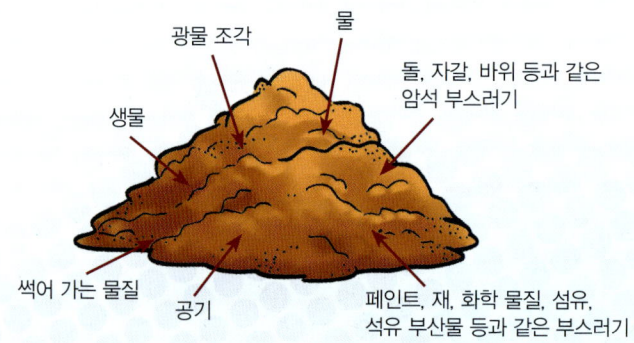

알갱이의 크기에 따른 토양의 구분

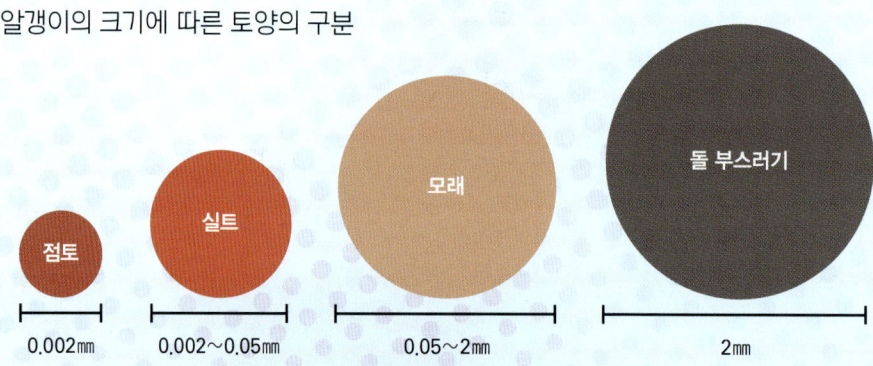

토양에 있는 모래, 실트, 점토의 중요성

- **모래**: 토양에 물과 공기가 통하게 해 주어요.
- **실트**: 물을 머금고 있어서 식물이 물을 빨아들일 수 있게 해 주어요.
- **점토**: 마그네슘, 칼륨, 칼슘 등과 같이 식물이 자라는 데 필요한 영양분을 머금고 있어요.

좀 더 관찰해 볼까?

서로 다른 장소에서 토양을 모으세요. 그러고는 돋보기로 각각의 토양을 관찰해 보세요. 여러 곳에서 가져온 토양은 색, 알갱이의 크기, 알갱이의 생김새 등이 비슷한가요, 아니면 다른가요?

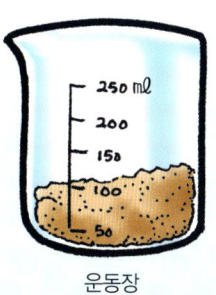
운동장

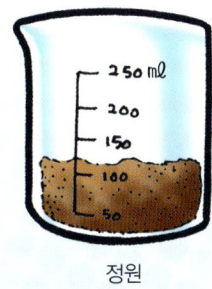
정원

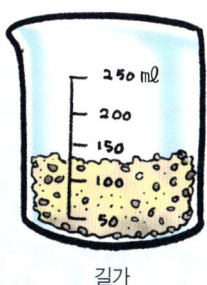
길가

토양 속에 있는 유기물과 무기물

토양에는 유기물과 무기물이 섞여 있어요. 유기물은 동식물이 분해되면서 생긴 찌꺼기나 토양 내 살아 있는 생물이 만든 부산물에서 생겨나요. 무기물은 다양한 암석들이 풍화 작용으로 잘게 쪼개져서 생겨요.

유기물
유기물은 주로 탄소(C)와 수소(H)로 이루어져 있어요.

무기물
무기물은 주로 알루미늄(Al), 철(Fe), 칼슘(Ca), 칼륨(K), 나트륨(Na), 마그네슘(Mg) 등을 포함한 규산염으로 이루어져 있어요.

토양 알갱이의 밀도

토양 알갱이의 밀도는 '밀도 기울기관'이라는 방법으로 조사해요. 왜냐고요? 밀도는 질량을 부피로 나눈 값인데, 토양의 알갱이는 너무 작아서 질량과 부피를 잴 수 없기 때문에 이렇게 특별한 방법을 사용하는 거예요.
밀도 기울기관은 각기 다른 밀도의 용액이 여러 층으로 들어 있는 관이에요.

토양에는 밀도가 다른 여러 종류의 알갱이가 섞여 있기 때문에 토양을
밀도 기울기관에 넣으면 알갱이들이 각각 비슷한 밀도의 용액이 있는 층으로
나뉜답니다.

이것도 알고 있니?

- 범죄를 저지를 때 범죄자의 옷이나 신발 밑창에 토양의 맨 위층에 있는 알갱이가 묻는 경우가 많아요.
- 토양 검사는 티스푼 한두 개 정도의 적은 양의 토양만 있으면 가능해요.
- 땅 위에 건축물을 지을 때는 먼저 토양 검사를 해요. 토양의 유형, 적합성, 특징, 강도 등을 검사해 건물을 지어도 안전한지를 확인하기 위해서예요.
- 미국의 경우는 같은 나라라도 지역마다 토양의 구성 성분이 달라요. 특정 지역에만 있는 고유의 토양이 있어서 범죄가 일어났을 때 토양 검사를 통해 범죄가 발생한 지역을 알아낼 수 있답니다.
- 과학 수사대는 색에 따라 토양을 분류하기 위해 **'먼셀 토양 색상표'**를 참고하기도 해요.

함께 조사해 볼까?

2005년 6월 16일 오전 9시 15분경, 싱가포르의 칼랑강에서 한 청소부가 종이 상자가 떠내려오는 것을 발견했어요. 상자 안에는 뭔가가 신문지에 둘둘 말려 비닐봉지 안에 담겨 있었지요. 열어 보니 그것은 한 여성의 몸 일부였어요.

같은 날 두 번째 상자가 발견되었는데 몸의 다른 부분이 담겨 있었어요. 두 번째 상자는 처음 상자가 발견된 곳의 반대편 강둑에서 발견되었지요.

섬 인근을 샅샅이 수색한 지 이틀 만에 투아스 지역에 있는 소각 공장에서 몸의 남은 부분이 발견되었어요.

희생자는 중국 기업에서 생산 관리자로 일하던 22세인 리우 홍 메이로 밝혀졌어요.

용의자는 50세인 레옹 시유 초르였어요. 레옹은 리우와 함께 자살하기로 했는데 리우가 약속을 어기고 자살하지 않겠다고 해서 범행을 저질렀다고 주장했어요.

하지만 머지않아 이 사건의 진실이 밝혀졌어요.

대체 무슨 일이 일어났던 걸까?

2005년 6월 13일 레옹은 갖고 싶은 물건을 사려고 몰래 리우의 카드를 훔쳐 은행에서 돈을 찾았어요.

다음 날 카드가 없어진 걸 알아챈 리우는 경찰에 카드 도난 신고를 했어요. 주변 CCTV를 확인하면 범인을 찾을 수 있을 테니까요.

카드 훔친 것을 들킬까 봐 겁이 난 레옹은 6월 15일, 리우를 자신의 집으로 불러서 살해했어요. 그러고는 시신을 잘라 신문지로 말고 비닐봉지에 담은 뒤, 다시 여러 상자에 나눠 담았어요.

레옹은 리우의 시신, 옷, 물건 등을 섬 이곳저곳에 버렸어요. 리우의 시신 일부는 아직도 발견되지 않았답니다.

레옹의 아파트에 있던 물건들

다음 물건들은 레옹의 아파트에서 찾아낸 거예요.
이 물건들은 어떻게 사용되었을까요?

질문

범인이 희생자의 시신을 버릴 때 어떤 경로로 이동했는지 알려면 어떤 종류의 증거를 모아야 할까요?
(힌트: 신발을 생각해 보세요!)

정답

범인이 신고 있던 신발 밑창을 조사해야 해요. 왜냐고요? 신발 밑창에는 대개 홈이 패여 있어서 모래나 흙 알갱이가 끼거든요. 여러분도 길거리나 바닷가를 걷고 난 뒤 신발 밑창을 살펴보세요. 밑창 홈에 모래나 흙이 끼어 있는 걸 확인할 수 있을 거예요.

신발에 묻어 있는 토양을 조사하면 범인이 이동했던 장소에 관한 단서를 얻을 수 있답니다.

레옹이 강가나 해변에 갔다면: 아주 작은 조개껍데기 가루가 포함된 모래 알갱이가 신발 밑창에 끼어 있을 거예요. 신발에 묻은 토양과 범죄 현장의 토양이 일치한다면 레옹이 범죄를 저질렀을 가능성이 높다고 볼 수 있지요.

레옹이 풀과 나무가 많은 지역에 갔다면: 밑창에 마른 나뭇잎 부스러기가 포함된 흙이 묻어 있을 거예요. 밑창에 묻은 토양의 구성 성분과 밀도를 조사하면 레옹이 이동한 경로나 범죄를 저지른 장소를 좁혀서 수사할 수 있지요.

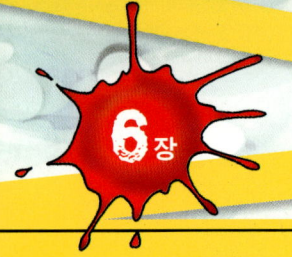

앗, 뜨거워!

사건 현장 들여다보기
'전철의 뜨거운 의자' 사건

2013년 5월 2일 24세인 한 간호사가 싱가포르 전철을 탄 뒤 의자에 앉았어요. 앉을 때까지만 해도 간호사는 의자가 젖어 있다는 사실을 알지 못했어요. 잠시 뒤 간호사는 피부에 찌르는 듯한 통증을 느꼈고, 병원에서 화상 치료까지 받아야 했어요.
의자에는 어떤 액체가 묻어 있던 걸까요? 어떤 성질의 물질이었을까요? 어디에서 나온 것이었을까요?

조사 결과 의자에 묻어 있던 액체는 수산화나트륨이었어요. 수산화나트륨은 강력한 염기성 물질로 일반 가정에서 청소할 때 많이 사용하는 액체예요. 사건을 샅샅이 수사한 결과, 간호사보다 먼저 그 의자에 앉았던 한 승객이 세제가 든 병을 들고 탄 사실이 밝혀졌어요. 그 승객이 가지고 탔던 액체 세제가 새는 바람에 의자가 젖었던 것이지요. 그런데도 승객은 쏟아진 세제를 치우지도, 철도 담당자에게 알리지도 않고 그냥 내렸던 거예요.

세제를 쏟은 승객은 부주의한 행동으로 다른 사람에게 상처를 입힌 죄로 4,500달러, 우리나라 돈으로 500만 원가량의 벌금을 물었어요. 싱가포르에서는 이렇게 부주의한 행동으로 다른 사람을 다치게 할 경우 징역 2년의 형을 살거나 벌금 5,000달러를 낼 수도 있대요.

싱가포르에는 부식성 물질이나 폭발성 물질을 정부의 허가 없이 소지하거나 사용할 경우 이를 제지하는 법률이 있어요. 바로 '부식성 물질과 폭발성 물질, 공격 무기에 관한 법률'이지요. 우리나라에도 이와 비슷한 법이 있을까요? 어떤 처벌을 받는지도 알아보세요.

산성, 염기성이 뭐냐고?

산성

- 신맛이 나요.
- 일부 금속과 반응해 수소 가스를 만들어요.
- 탄산염과 베이킹 소다 같은 중탄산염과 반응해 탄산 가스를 만들어요.
- 염기성을 중화시켜요.
- 수소 이온 농도 지수(pH)가 7보다 작아요.
- 주위에서 흔하게 볼 수 있어요. 아주 가까이에도 산성 물질이 있어요.
  - → 아세트산은 식초에 들어 있는 성분으로 특유의 톡 쏘는 냄새가 나요.
  - → 염산(HCl)은 위에서 음식을 소화시키기 위해 나오는 위산의 성분이에요.

염기성

- 쓴맛이 나요.
- 만지면 미끌미끌해요.
- 산성을 중화시켜요.
- 수소 이온 농도 지수(pH)가 7보다 커요.
- 주위에서 쉽게 볼 수 있어요.
  - → 탄산나트륨은 주방 세제에 들어 있어요.
  - → 마그네슘이나 수산화알루미늄은 산을 중화하는 제산제에 들어 있어요. 위산이 식도를 타고 역류하면 속이 쓰린 증상이 생기는데, 이때 속 쓰림을 치료하거나 약하게 해 주는 약이 제산제예요.

주의!
산성 물질이나 염기성 물질은 절대 먹으면 안 돼요!

산성 + 염기성 → ?

산성과 염기성이 만나면 중화 반응이 일어나서 소금, 물, 열이 생겨요. 염기성에 산성을 더하면 수소 이온 농도 지수(pH)가 7에 가까워져요. pH7은 중성이에요.

이것도 알고 있니?

소금이라고 하면 흔히 음식에 넣는 소금을 떠올려요. 그런데 소금을 가리키는 말은 많아요. 일반 소금, 천일염, 정제염, 화학 용어로는 염화나트륨이라고 해요. 화학 기호로 NaCl이라고 써요.

수소 가스와 탄산 가스를 조사하려면 어떻게 해야 할까요?

pH를 측정하는 방법

pH(수소 이온 농도 지수)는 액체의 산성 또는 염기성 정도를 측정하는 단위로 0에서부터 14까지의 숫자로 나타내요. pH7을 중성으로 하여 7보다 작으면 산성, 7보다 크면 염기성으로 나누어요.

pH는 산·염기 지시약을 사용해서 측정해요. 산·염기 지시약은 pH 값에 따라 색이 변하는 화학 혼합물로 되어 있어요. 대표적인 지시약은 페놀프탈레인과 메틸 레드예요.

종이로 된 산·염기 지시약

리트머스 종이
붉은색 리트머스 종이는 염기성 물질에 닿으면 푸른색으로 변해요.
푸른색 리트머스 종이는 산성 물질에 닿으면 붉은색으로 변해요.

pH 시험지
간편하게 용액의 pH 값을 재는 데 쓰이는 특수한 종이로, pH0에서부터 pH14까지를 잴 수 있어요. 시험지에 측정할 용액을 묻힌 다음, 시험지의 색깔이 변하면 pH 색상표의 어느 색과 가까운지 비교하면 돼요. pH 값을 좀 더 정확하게 측정하려면 pH 미터기를 사용해야 해요.

산성일까, 염기성일까?

레벨 업

집에서 쓰이는 다음 제품들의 pH 값은 얼마나 될까요?

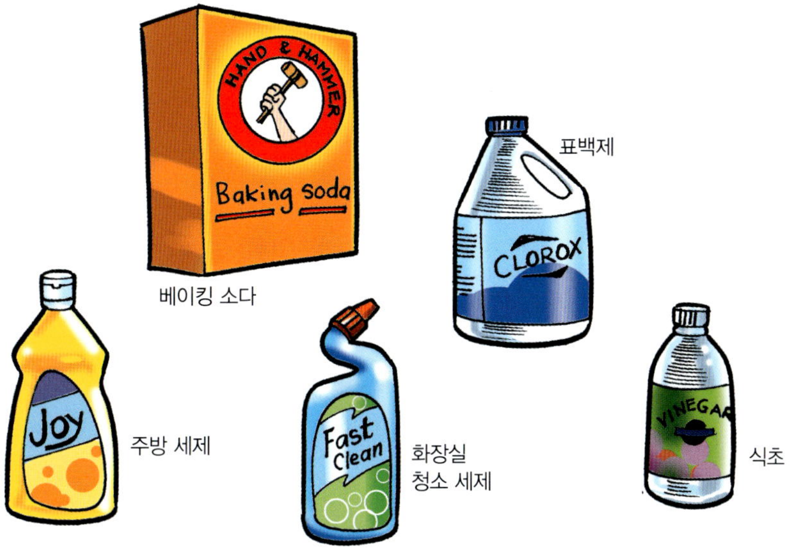

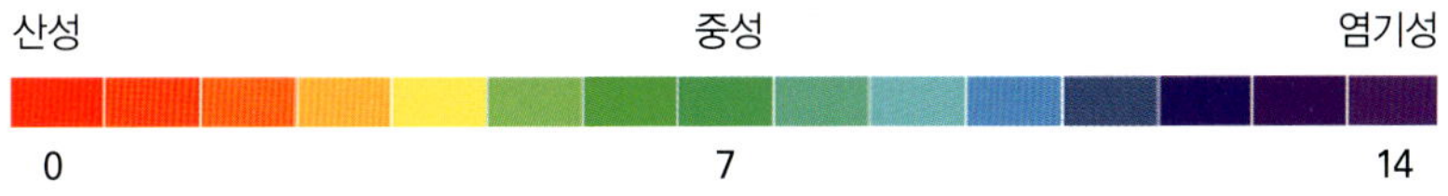

- 베이킹 소다
- 표백제
- 주방 세제
- 화장실 청소 세제
- 식초

산성 ─────── 중성 ─────── 염기성
0   7   14

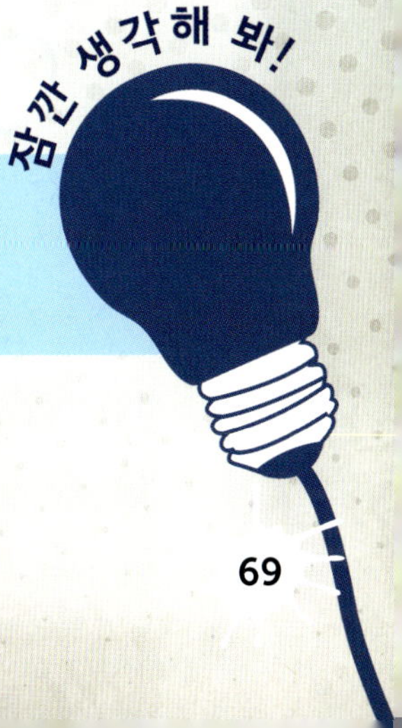

잠깐 생각해 봐!

우리의 위는 pH가 얼마나 될까요?
또 작은창자의 pH는 얼마나 될까요?

함께 조사해 볼까?

글씨가 어떻게 보였다, 안 보였다 하냐고?

레몬즙이나 식초처럼 산성을 띠는 액체로 비밀 편지를 쓸 수 있어요. 산성 물질로 글씨를 쓰면 마른 뒤에는 아무것도 보이지 않아요. 글씨가 보이지 않아서 안전하게 배달할 수 있지요. 그런데 이 비밀 편지를 받은 사람이 다리미나 촛불로 종이에 열을 가하면 숨겨진 글씨가 나타나요.

레몬즙이나 식초가 묻은 곳은 산성 물질이 종이에 있는 물기를 빼앗아 다른 곳보다 건조해져요. 열을 가하면 그 부분이 먼저 그을리게 되어 갈색 글씨가 나타나는 거예요.

친구에게 비밀 편지를 보내 봐!

레몬즙이나 식초처럼 산성을 띠는 액체를 적당한 도구에 묻혀 연필로 글씨를 쓰듯 편지를 쓰면 비밀 편지를 만들 수 있어요.

우리 주변에도 강한 산성이나 강한 염기성 물질이 있을까?

강한 산성 물질이나 강한 염기성 물질은 실험실이나 공장에서만 사용한다고 생각하겠지만 가정집에서 사용하는 세제도 강한 산성 물질이나 강한 염기성 물질이에요. 그래서 올바른 보호 장비를 착용하지 않고 맨손으로 만지거나 잘못 사용하면 화학적 화상을 입을 수 있어요.

다음은 우리 주변에서 흔히 볼 수 있는 세제예요.
- 표백제
- 배수관 청소 세제
- 세탁 세제
- 화장실 청소 세제

집에 있는 세제를 사용할 때는 그 제품이 산성인지 염기성인지를 꼼꼼히 읽어 보고 적절한 사용 방법을 익혀야 해요.

집에서 쓰는 산성 세제나 염기성 세제 가운데는 꼭 물에 묽게 희석해서 써야 하는 제품도 있어요. 예를 들어 안내문에 물 반 통에 세제 한 뚜껑 분량을 넣어 묽게 만들어 쓰라고 되어 있지요.

화학 실험을 할 때도 희석을 하곤 해요. 하지만 화학 실험에서 희석할 때는 '**부피 측정용 유리 기구**'를 사용해 희석한답니다.

다음 중 부피를 가장 정확하게 측정할 수 있는 도구는 무엇일까요?

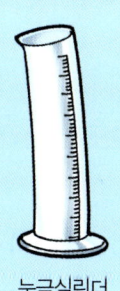
눈금실린더

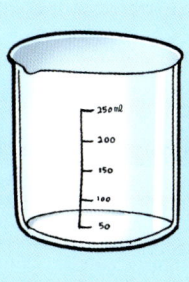
비커

삼각 플라스크

71

연속 희석법

용액을 10배 또는 100배 묽게 희석시키려면 어떻게 해야 할까요? 연속 희석법을 이용하면 돼요. 연속 희석법은 용액을 처음 희석한 다음, 희석된 용액을 단계적으로 희석해서 원하는 농도까지 맞춰 가는 방법이에요.

사과 주스를 10배로 희석하는 방법

실험실에서 사용하는 도구인 피펫으로 사과 주스 1㎖를 측정해 삼각 플라스크에 부어요. 10배 희석액을 만들려면 삼각 플라스크의 10㎖ 눈금까지 물을 부어요.

희석된 사과 주스의 농도를 계산하는 법

(원래 사과 주스의 농도)×(원래 사과 주스의 부피) = (희석된 사과 주스의 농도)×(희석된 사과 주스의 부피)

(원래 사과 주스의 농도)×1㎖ = (희석된 사과 주스의 농도)×10㎖

희석된 사과 주스의 농도 = $\frac{1㎖}{10㎖}$ ×원래 사과 주스의 농도

희석된 사과 주스의 농도는 원래 사과 주스 농도의 $\frac{1}{10}$ 이에요.

> **공식**
> $C_1V_1 = C_2V_2$
>
> **기호 설명**
> C = 농도, V = 부피

사과 주스를 100배로 희석하는 방법

10배로 희석된 사과 주스 1㎖를 담아 위와 같은 방식으로 하면 100배 희석된 주스를 만들 수 있어요.

원액을 바로 100배로 희석하는 방법에 비해 연속 희석법으로 희석했을 때의 장점은 무엇일까요?

사건 현장 들여다보기
'황산을 먹은 아기' 사건

1999년 싱가포르에서 생후 3개월 된 아기가 산성 물질에 다치는 사고가 있었어요. 용의자는 그 집에서 일하던 가사 도우미였지요. 가사 도우미는 아기에게 황산을 먹였고, 아기는 목과 성대를 심하게 다쳐 죽을 뻔했어요.

산과 염기는 적절하게 사용하면 이로운 물질이에요. 하지만 부적절하게 사용하거나 나쁜 의도로 이용하면 치명적인 상처를 입힐 수 있어요. 따라서 산성이나 염기성 물질은 조심해서 다루어야 해요.

화학적 화상

화학적 화상은 주로 피부에 강한 산성 물질이나 강한 염기성 물질이 닿았을 때 생겨요. 의사들은 이 화학적 화상을 주로 1도 화상, 2도 화상, 3도 화상으로 나누어요. 경우에 따라서는 표재성 화상, 부분층 화상, 전층 화상이라고 표현하기도 해요.

- 1도 화상(표재성 화상)은 피부의 가장 겉인 표피만 다친 거예요.
- 2도 화상(부분층 화상)은 표피 전부와 피부의 두 번째 층인 진피까지 다친 거예요.
- 3도 화상(전층 화상)은 표피, 진피 전부, 진피 아래 조직까지 깊게 다친 거예요.

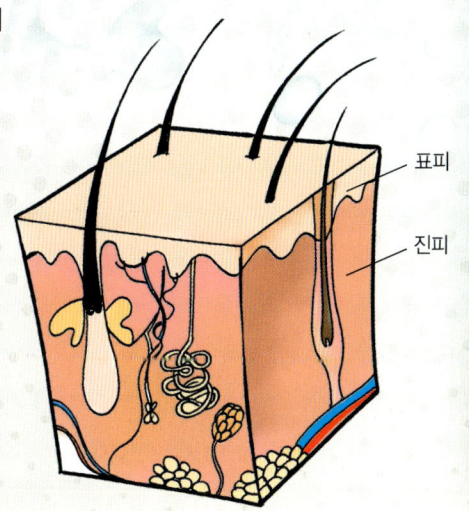

이것도 알고 있니?

산과 염기 중에서 뭐가 더 위험할까?

산성 물질에 의한 화상은 피부 단백질의 성질을 변화시켜 피부를 건조하게 만들어요. 피부가 말라 딱지가 생기는데, 딱지는 산성 물질이 피부 깊이 침투하지 못하게 막아 주어요. 덕분에 더 심한 손상이 생기지 않지요. 이것을 **응고 괴사**라고 해요.

염기성 물질에 의한 화상은 단백질의 성질을 변화시키고, 지방을 분해해 피부를 액체처럼 만들어요. 염기성 물질은 산성 물질과 달리 멈추지 않고 계속 피부 속으로 침투해서 아주 큰 상처를 입혀요. 이것을 **융해 괴사**라고 해요.

이처럼 염기성 물질에 의한 화상이 산성 물질에 의한 화상보다 더 치명적인 피해를 입혀요. 또한 물질의 농도, 접촉 시간, pH 값 등도 손상의 정도에 영향을 미치지요.

이것도 알고 있니?

젖은 시멘트가 몸에 닿으면 '**시멘트 화상**'을 입기도 해요. 시멘트가 물과 만나면 많은 열을 내면서 수산화칼슘이 만들어져요. 이 수산화칼슘은 강한 염기성을 띠기 때문에 피부에 닿으면 화상을 입게 되지요. 그런데 공사 현장 등에서 젖은 시멘트를 만져도 바로 통증을 느끼지는 못하기 때문에 화상을 입어도 모르고 지나치는 경우가 많아요.

산성 물질을 이용해 일련번호 복구하기

산성 물질이 피부에 닿으면 심각하게 다칠 수도 있어요. 하지만 지워진 일련번호를 복구할 때는 중요하게 쓰이지요. 자동차 도난 사건을 보면 범인들이 추적을 피하기 위해 자동차 엔진에 있는 일련번호를 지우는 경우가 많아요. 이때 산성 물질을 이용하면 지워진 일련번호를 다시 복구할 수 있어요.

찍힌 일련번호
자동차 엔진이나 권총은 금속 표면에 일련번호를 찍어서 새겨요. 이런 경우 일련번호가 찍힌 금속 아랫부분은 다른 부분에 비해 더 많은 압력을 받아요.

지워진 일련번호
줄 같은 도구로 금속 표면을 문질러서 일련번호를 지우는 경우가 있어요. 이런 경우에는 적절한 화학 물질을 이용하면 지워진 일련번호를 알아낼 수 있어요. 왜냐하면 원래 일련번호가 있던 부분은 주변과 화학 반응이 다르게 일어나기 때문이지요.

일련번호 복구하기
1. 알갱이가 고운 연마제로 금속 표면을 갈아요.
2. 적당한 화학 물질을 금속 표면에 묻히고 금속이 부식되는 과정을 살펴요.
3. 일련번호의 숫자가 드러나면 바로 물을 부어 화학 반응을 중단시켜요.
4. 복원한 일련번호를 카메라로 찍어요.

안전과 관련한 표시들

다음과 같은 표시를 본 적이 있나요? 각 표시가 어떤 뜻인지 짝지어 보세요.

고압가스
폭발성
급성 독성
가연성
부식성

화학 물질을 다룰 때는 어떤 준비를 해야 할까?

반드시 개인 보호 장비(PPE)를 착용해야 해요.
- 실험실 가운
- 보안경
- 보호 장갑
- 보호 신발

화학 물질을 다룰 때는 물질 안전 보건 자료를 꼼꼼히 읽어야 해요.
물질 안전 보건 자료는 화학 물질을 안전하게 사용할 수 있도록 화학 물질에 대한 정보와 사용 방법을 알려 주는 중요한 문서예요. 화학 물질이 있는 곳에는 이 문서를 늘 가까이 두고 필요할 때마다 찾아보아야 해요.

물질 안전 보건 자료는 화학 물질마다 중요한 정보를 16개 항목으로 정리해 놓았어요. 다음은 아세트산에 대한 3가지 항목이에요. (1절, 4절, 8절은 총16개 항목 중에서 임의로 선택한 것입니다.)

1. 화학 제품과 회사에 관한 정보

제품명: 아세트산(Acetic acid)
제품 번호: 460299
CAS 번호: 64-19-7

4. 응급조치 요령

흡입했을 때: 신선한 공기가 있는 곳으로 자리를 옮기시오. 호흡이 멈추었을 경우 인공호흡을 실시하시오. 즉시 전문의에게 진찰을 받으시오.

눈에 들어갔을 때: 즉시 물로 씻어 내시오. 최소한 15분 이상 물로 씻은 뒤 전문의에게 진찰을 받으시오.

피부에 닿았을 때: 화학 물질이 묻은 옷이나 신발을 즉시 벗으시오. 비누와 충분한 물로 피부를 씻어 내시오. 전문의에게 진찰을 받으시오.

먹었을 때: 토하려 하지 마시오. 의식을 잃은 사람에게는 절대 입에 어떤 것도 주지 마시오. 이상 증상이 나타나면 즉각 의료 조치를 받으시오.

8. 노출 방지 및 개인 보호구

눈·얼굴 보호: 보안경과 얼굴 보호구를 착용하시오.
피부 보호: 화학 물질에 안전한 재질의 보호 장갑, 신발, 보호용 옷을 착용하시오.

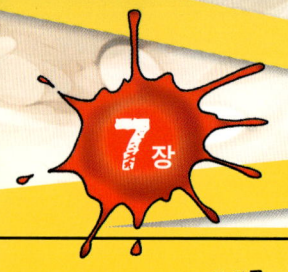

범죄 현장에서 발견된 피

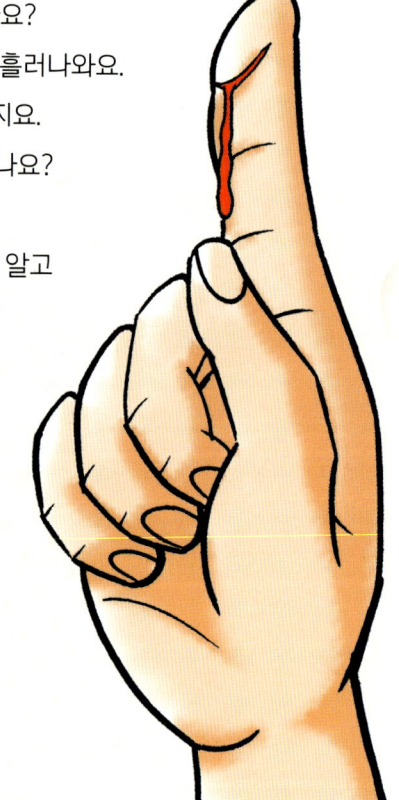

아야! 실수로 손가락을 벤 적이 있나요?
손을 베면 상처 밖으로 붉은 액체가 흘러나와요.
그 액체가 피라는 사실은 누구나 알지요.
여러분은 피에 관해 얼마나 알고 있나요?

피, 즉 혈액의 구성 성분과 특징을 잘 알고
있어야 범죄 현장의 혈흔 형태를
과학적으로 분석할 수 있어요.
혈액은 사람 몸에 있는 특별한
액체로, 전체 몸무게의 7~8%
정도를 차지해요. 평균적으로
남자 어른의 몸속에는 약 5~6ℓ,
여자 어른에게는 4~5ℓ의 혈액이
들어 있어요.

혈액 속에 뭐가 있냐고?

혈액은 크게 액체 부분인 혈장과 고체 부분인 혈구로 이루어져 있어요. 혈장은 전체 혈액의 55%, 혈구는 45%를 차지해요. 혈구는 혈액 세포라고도 하는데, 적혈구, 백혈구, 혈소판으로 구성되어 있어요.

혈장(55%)
백혈구와 혈소판(1% 미만)
적혈구(44% 이상)

혈장은 밝은 노란색 액체로, 각종 영양소를 온몸으로 운반하는 일을 해요.

적혈구에는 헤모글로빈이라는 단백질이 들어 있어요. 헤모글로빈은 폐에서 산소와 결합해 산소 헤모글로빈이 되는데, 온몸으로 산소를 운반하는 일을 해요. 그런데 헤모글로빈은 산소보다 일산화탄소와 쉽게 결합해요. 만약 일산화탄소에 중독되면 몸속에 산소가 부족해지면서 입술과 얼굴이 체리처럼 붉어지고 심하면 죽게 돼요. 법과학자는 일산화탄소 중독으로 의심되는 사건일 때, 희생자의 혈액 샘플을 채취해 일산화탄소 헤모글로빈이 혈액에 있는지를 조사한답니다.

백혈구는 병균에 맞서 싸우는 중요한 임무를 맡고 있어요.

이것도 알고 있니?

1911년부터 1980년대까지 석탄을 캐는 광부는 지하로 일을 하러 갈 때 카나리아를 새장에 넣어 데리고 갔어요. 일산화탄소는 냄새도, 색도 없는 유독 가스인데, 카나리아는 이 일산화탄소를 감지하는 능력이 뛰어나요. 그래서 지하에 일산화탄소가 있는지 탐지하기 위해 데리고 간 거예요. 카나리아처럼 몇몇 동물은 해로운 물질에 민감하게 반응해서 유독 가스가 있으면 사람보다 먼저 아프거나 고통스러워해요. 이렇게 주변 환경을 탐지해 해로운 물질이 있는지를 알아내는 동물을 보초 동물이라고 해요. 광부들은 보초 동물의 경고를 받으면 안전한 곳으로 피신했어요. 이러한 관행은 수십 년 동안 유지되어 오다가 최근 과학 기술이 발전하면서 바뀌었어요. 이제는 유독 가스를 탐지하는 기계를 이용해 탄광 내 공기를 측정해요. 가엾은 카나리아가 유독 가스 때문에 죽는 일도 없어졌지요.

사람의 혈액은 붉은색이지만 같은 붉은색이라도 선홍색에서부터 검붉은색에 이르기까지 다양해요. 붉은 정도는 혈액 내에 밝은 선홍색의 산소 헤모글로빈(산소와 결합한 헤모글로빈)이 있는지, 아니면 검푸른 색의 탈산소 헤모글로빈(산소가 없는 헤모글로빈)이 있는지에 따라 달라져요.

피는 언제나 붉은색일까?

사람의 피는 **헤모글로빈**이 들어 있기 때문에 붉은색이에요. 하지만 모든 동물의 피가 붉은 건 아니에요. 초록색 피도 있고, 파란색 피도 있고, 심지어 보라색 피도 있어요! 동물의 피 색깔은 산소를 운반하는 단백질에 따라 달라지거든요.

거미와 갑각류의 피는 파란색이에요. 피에 **헤모사이아닌**이라는 단백질이 들어 있기 때문이에요.

거머리의 피는 초록색인데, **클로로크루오린**이라는 단백질이 들어 있기 때문이에요.

바다에 사는 벌레 중에는 보라색 피를 가진 벌레도 있어요. **헤메리트린**이 들어 있기 때문이지요. 헤메리트린은 산소와 결합하면 보라색이 되고, 산소가 없을 때는 무색이에요.

ABO식 혈액형

혈액형은 A형, B형, O형, AB형으로 나뉘어요. 적혈구에 A형 항원과 B형 항원이 있느냐, 없느냐에 따라 혈액형이 달라진답니다.

A형: 적혈구에 A형 항원이 있어요.
B형: 적혈구에 B형 항원이 있어요.
AB형: 적혈구에 A형 항원과 B형 항원 둘 다 있어요.
O형: 적혈구에 A형 항원, B형 항원 둘 다 없어요.

항원과 항체가 뭐냐고?

항원: 몸속에 외부 물질이 들어왔을 때 맞서 싸울 항체를 만들게 하는 특별한 모양의 단백질이에요.

항체: 항원이라는 외부 물질에 맞서 싸우기 위해 몸에서 만들어 내는 단백질이에요.

항원 항체 반응: 자물쇠와 열쇠가 작동하는 원리와 비슷해요. 자물쇠를 열려면 꼭 맞는 열쇠로 열어야 하는 것처럼 항체도 꼭 맞는 특정 항원하고만 결합한답니다.

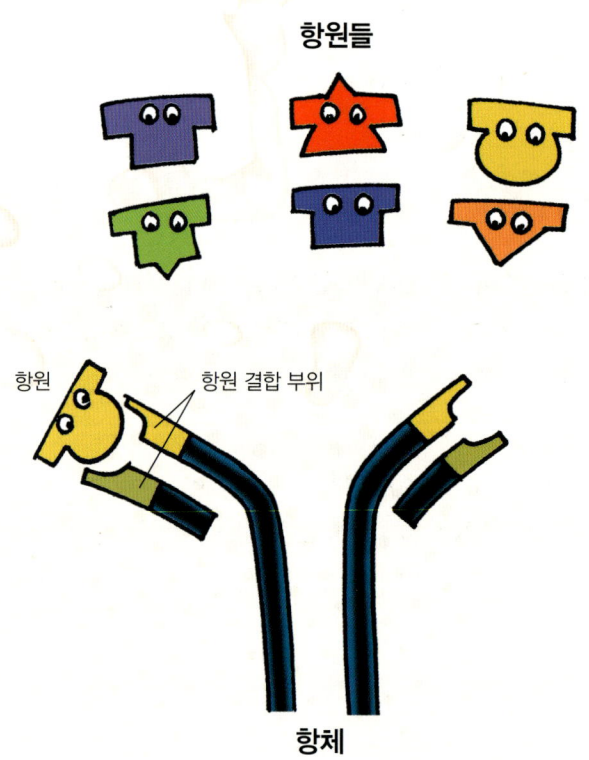

ABO식 혈액형 체계				
그룹	A형	B형	AB형	O형
적혈구 표면				
존재하는 항원	A형 항원	B형 항원	A형과 B형 항원	없음
존재하는 항체	B형 항체	A형 항체	없음	A형과 B형 항체

만약 혈액형이 A형인 사람이 B형인 사람에게 수혈을 받으면 피가 굳어서 죽을 수도 있어요. 왜냐하면 A형 혈액형에 있는 B형 항체가 B형 혈액형에 있는 B형 항원과 결합하면서 굳기 때문이에요.

과거에는 범죄 현장에 남겨진 핏자국으로 혈액형을 알아내기 위해 과학 수사대가 혈청 검사를 했어요. 범죄 현장에서 발견된 피가 용의자의 혈액형과 다르면 용의자를 용의 선상에서 제외하는 방식으로 수사를 했지요.

요즘에는 혈청 검사 대신 DNA 검사를 해요. 핏자국에서 DNA를 검사하면 좀 더 다양하고 구체적인 정보를 알 수 있기 때문이지요. DNA 검사는 단순히 혈액형만 구분하는 것이 아니라 범인이 누구인지를 밝힐 수 있는 수사 방법이랍니다.

- O형인 사람이 AB형인 사람에게 수혈을 받을 수 있을까요? 왜 그럴까요?
- 혈액을 검사해서 혈액형 말고 또 어떤 정보를 알 수 있을까요?

범죄 현장에서 발견된 적갈색 액체, 정체를 밝혀라

주방 바닥에서 적갈색 액체가 발견되었어요. 이 액체는 무엇일까요? 혹시 피는 아닐까요? 만약 피라면 사람의 피일까요, 동물의 피일까요?

1. 정말로 피가 맞을까?

A. 루미놀 검사

과학 수사 드라마를 보면 수사관이 범죄 현장을 어둡게 한 다음, 어떤 액체를 뿌릴 때가 있어요. 그러면 특정 부위가 형광으로 푸르게 빛나지요. 이것이 바로 루미놀 반응이에요.

루미놀 반응은 혈액에 포함된 철분 성분이 루미놀 용액에 반응해 약 30초 정도 화학적으로 빛을 내는 현상이에요. 아주 짧은 순간이지만 수사관은 루미놀 반응을 관찰하고 조사해 결론을 얻어 내지요. 루미놀 시약은 아주 적은 양의 혈액에도 반응하기 때문에 혈액의 흔적을 깨끗하게 닦아 낸다고 해도 혈흔을 알아낼 수 있어요. 혈액의 흔적을 완전하게 없애기란 매우 어렵거든요.

B. 캐슬-메이어 검사

혈액을 조사하는 또 다른 방법으로 캐슬-메이어 검사법이 있어요.
캐슬-메이어 시약에는 페놀프탈레인이라는 물질이 들어 있는데, 원래는 색깔이 없이
투명해요. 그런데 면봉에 혈액을 묻히고 캐슬-메이어 시약을 떨어뜨린 뒤,
과산화수소를 더 떨어뜨리면 분홍색으로 변해요. 혈액 속의 헤모글로빈이
과산화수소를 분해하여 생긴 산소가 캐슬-메이어 시약 속의 페놀프탈레인과 만나
분홍색이 되는 거지요.
캐슬-메이어 시약에 분홍색으로 반응하는 물질이 또 있을까요? 네, 있어요.
감자나 고추냉이 같은 채소도, 구리나 염화니켈 같은 산화제도 캐슬-메이어 시약에
분홍색으로 반응해요. 그래서 캐슬-메이어 시약은 혈흔을 조사할 때가 아니라,
혈액으로 의심되는 물질이 있을 때 확인용으로 사용해요.

루미놀 검사는 사람의 피에만 반응할까요?

2. 사람 피일까, 동물 피일까?

헥사곤 OBTI 검사는 혈흔이 사람 피인지 아닌지를 빠르게 알아보는 검사
방법이에요. 주로 캐슬-메이어 검사를 마친 뒤 헥사곤 OBTI 검사를 해요.
이 검사는 항체가 항원에 반응하는 면역학 원리를 이용한 검사예요. 그리고
이 검사는 사람과 영장류에 특화된 검사예요. 토끼, 족제비, 오소리 같은 동물도
헥사곤 OBTI 검사에 반응을 하지만 토끼, 족제비, 오소리 등이 범죄 사건 현장에
있었을 가능성은 매우 적기 때문에 이 검사에 반응이 나타나면 사람의 혈흔으로 보는
경우가 많답니다.

범죄 현장에서 발견된 핏자국

혈흔 분석하기

핏자국, 즉 혈흔은 종종 범죄 현장에 남아 있어요. 특히 폭력 사건에서요. 이러한 혈흔 형태 분석이 다른 과학 조사, 가령 부검이나 DNA 검사, 자국과 지문, 미세 증거 등과 합쳐져서 범죄 사건을 '누가, 언제, 어디서, 무엇을, 어떻게, 왜' 했는지를 밝히는 데 큰 도움을 준답니다.

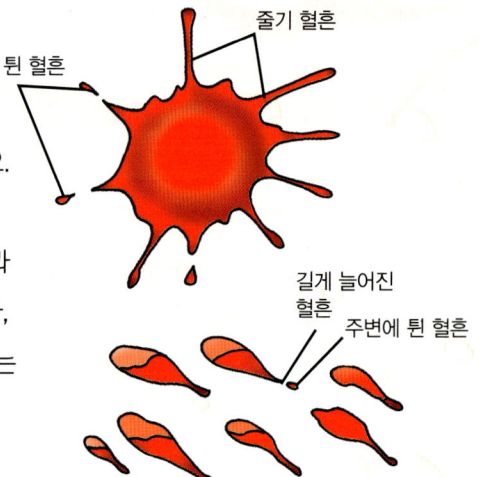
주변에 튄 혈흔
줄기 혈흔
길게 늘어진 혈흔
주변에 튄 혈흔

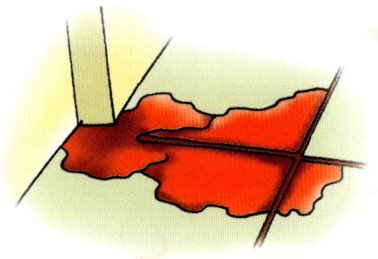
한 지점에 모여 있는 피

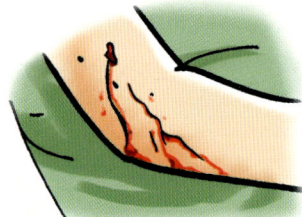
상처에서 흘러나온 피

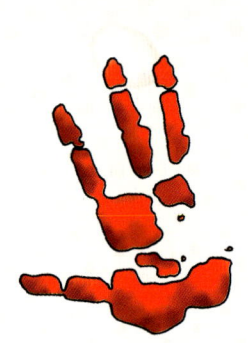
피가 묻은 손자국

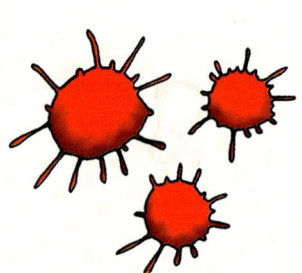
상처나 물체에서 떨어진 핏방울

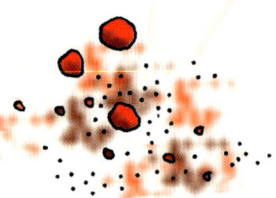
총으로 인해 생긴 혈흔

범죄 현장에서 볼 수 있는 혈흔의 다양한 형태

이것도 알고 있니?

동맥이 파열되면 피가 분출되어 나와요. 이때 피가 나오는 모양은 물이 흐르는 호스의 중간을 칼로 베었을 때와 비슷해요. 그런데 심장이 뛸 때 혈압이 달라지기 때문에 간혹 피가 요동치며 솟구치기도 해요.

혈흔의 모양으로 알 수 있는 것

혈흔의 모양을 보고 피가 어떤 각도로 떨어졌는지를 알 수 있어요. 핏방울이 바닥이나 벽 등에 수직에 가깝게 튈수록 혈흔의 모양은 둥근 형태에 가까워요. 핏방울이 비스듬하게 튈수록 혈흔의 모양은 길쭉한 타원형에 가까워진답니다.

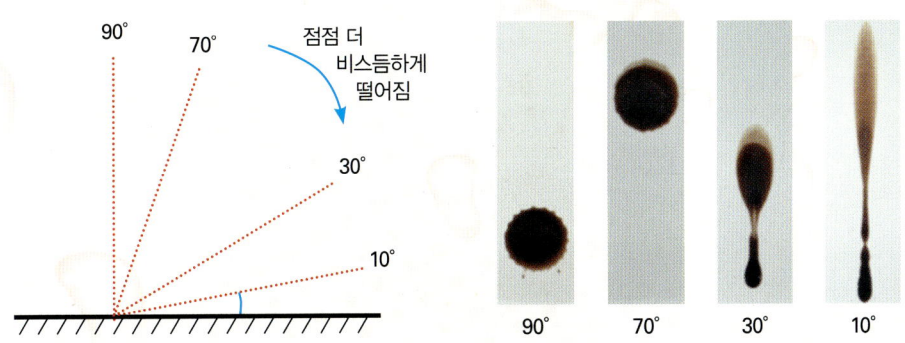

피가 떨어질 때의 각도

피가 떨어진 각도를 계산하기 위한 삼각법은 어떻게 쓸까요?

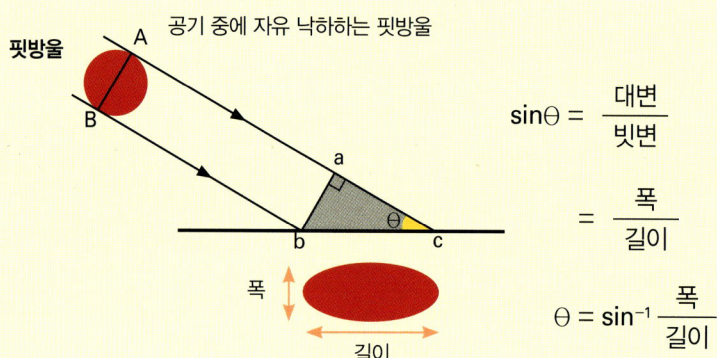

$$\sin\theta = \frac{\text{대변}}{\text{빗변}}$$

$$= \frac{\text{폭}}{\text{길이}}$$

$$\theta = \sin^{-1}\frac{\text{폭}}{\text{길이}}$$

예

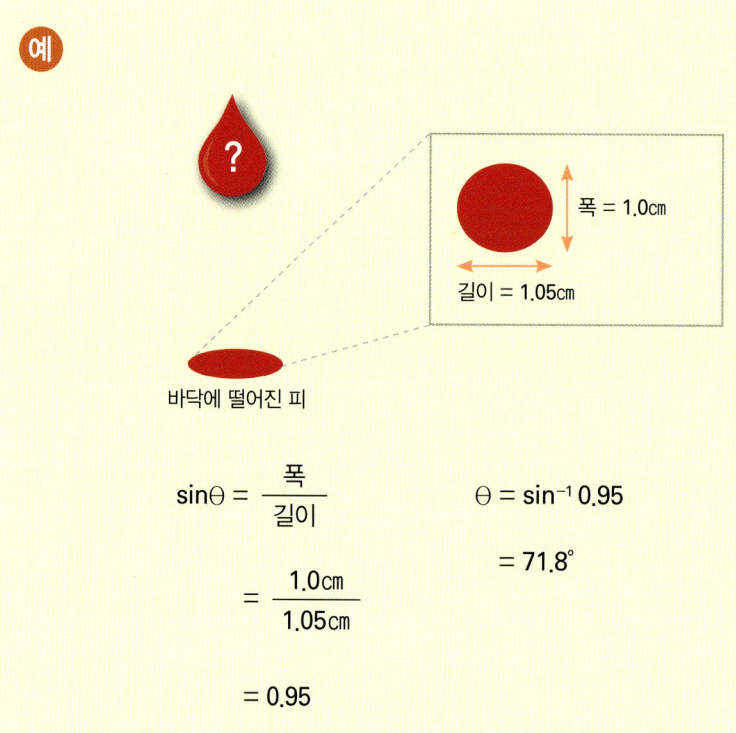

$$\sin\theta = \frac{\text{폭}}{\text{길이}}$$

$$= \frac{1.0\,\text{cm}}{1.05\,\text{cm}}$$

$$= 0.95$$

$$\theta = \sin^{-1} 0.95$$

$$= 71.8°$$

각도 계산하기

레벨 업

피가 떨어진 각도를 재 보세요.

1단계: 먼저 혈흔의 꼬리 부분을 제외하고 윤곽을 따라 대칭을 이루는 타원형을 그려요.

2단계: 타원형의 길이와 폭을 재요.

길이 = ____ cm

폭 = ____ cm

$$\sin\theta = \frac{폭}{길이}$$

$$= \frac{\_\_\_\_ \text{ cm}}{\_\_\_\_ \text{ cm}}$$

$$= \_\_\_\_$$

$$\theta = \sin^{-1} \_\_\_\_$$

$$= \_\_\_\_ °$$

사건 현장 들여다보기
이슌가의 살인 사건

2008년 9월 경찰서에 전화 한 통이 걸려 왔어요. 싱가포르 이슌 11길 349에 위치한 아파트에 추락한 여성이 있다는 신고 전화였지요. 경찰은 여성이 추락한 지점을 알아내기 위해 아파트를 샅샅이 조사하기 시작했어요. 그러던 중 경찰은 현관문에 혈흔이 묻어 있는 집을 발견했고 그 집 문을 두드렸어요. 그러자 왕 치잔이라는 남성이 문을 열고 나오더니 자신이 방금 살인을 저질렀다고 말했어요.
집 안으로 들어간 경찰은 충격적인 광경을 보게 되었어요. 마루에는 사망자 2명이 누워 있었고, 또 다른 피해자도 거의 죽어 가는 상태였어요.

사건 관련자들

범인
왕 치잔

어머니 (사망자)
장 맹

어머니 (사망자)
양 지애

딸 (사망자)
팽 지안유

딸 (부상이 심각한 피해자)
리 메일린

왕 치잔과 장 맹과 팽 지안유

- 장 맹과 딸 팽 지안유는 이슌가에 있는 방 두 칸짜리 아파트에 세를 얻어 살고 있었어요.
- 관광 비자로 싱가포르에 온 왕 치잔은 중국에 있을 때부터 장 맹과 사귀는 사이였어요.
- 왕 치잔은 진술서에서 이렇게 말했어요. '장 맹과 함께 있을 때 다른 손님이 집에 찾아오면 나를 침실 밖으로 못 나가게 했다. 손님들과 인사를 하거나 교류하는 것도 허락하지 않았다.'

양 지애와 리 메일린

- 양 지애와 딸 리 메일린은 장 맹이 사는 아파트의 방 한 칸에 세 들어 사는 모녀였어요.
- 모녀는 왕 치잔이나 장 맹, 팽 지안유와 전혀 관계가 없는 사이였지요.

비극의 시작

이 끔찍한 비극은 장 맹이 왕 치잔에게 저녁 식사로 게 요리를 하겠다며 돈을 달라고 요구하면서 시작되었어요. 왕 치잔은 저녁 식사에 비싼 게를 먹는 것은 낭비라고 생각해 못마땅해했어요. 게다가 일주일 전에도 게를 먹었기 때문에 더욱 내키지 않았지요. 왕 치잔이 못마땅해하자 화가 난 장 맹이 욕을 하고 모욕적인 말을 퍼부었어요.

사건의 발생

다툼 후에 장 맹과 왕 치잔은 잠을 자러 들어갔어요. 왕 치잔은 누워서 가만히 생각해 보니 장 맹과 팽 지안유가 예전부터 자신에게 모욕적인 말을 많이 하고 폭력까지 휘둘렀던 일이 떠올라 속이 상했어요. 마음이 복잡해진 왕 치잔은 이리저리 뒤척이며 잠들지 못하다가 신선한 공기라도 마실 겸 부엌으로 나갔어요. 그리고 갑자기 부엌칼을 들고 곧장 장 맹이 자고 있는 침실로 갔어요.

경찰이 사건 현장에 도착했을 때

집 안의 벽은 온통 핏자국이었어요. 장 맹과 딸 팽 지안유는 침실에 죽어 있었어요. 부검 결과, 장 맹과 팽 지안유는 여러 군데 칼에 찔린 것으로 확인되었어요. 리 메일린은 간신히 목숨을 유지한 채 욕실 한쪽에 누워 있었어요.

대체 무슨 일이 있었던 걸까?

이 범죄 현장을 보고 어떤 상황이 떠오르나요? 팽 지안유는 왜 어머니의 침실에서 죽은 채 발견되었을까요? 양 지애는 어떻게 주방 창문에서 떨어진 걸까요? 리 메일린에게는 무슨 일이 일어났던 걸까요? 왕 치잔이 도대체 무슨 짓을 저질렀기에 세 사람은 죽고 한 사람은 목숨이 위태로워진 걸까요? 혈흔 분석과 범죄의 재구성이 이 사건의 결정적인 증거를 법정에 제공해 주었고, 범인이 제대로 벌을 받을 수 있도록 도움을 주었어요.

범죄의 재구성

판사는 이렇게 말했어요.
"리 메일린의 증언이 큰 중요성을 가진다. 리 메일린은 유일한 생존자이고 직접적인 증거를 줄 수 있는 유일한 증인이기 때문이다. 또한 과학 수사 증거와 사건 재구성 보고서에서 언급된 사실들이 리 메일린의 증언을 더욱 확실하게 뒷받침하고 있다."

장 맹과 팽 지안유를 공격

왕 치잔은 침실로 가서 자고 있던 장 맹을 여러 번 찔렀어요. 그때 침실 문이 열리더니 장 맹의 딸 팽 지안유가 나타났어요. 그러자 왕 치잔은 팽 지안유도 공격했어요. 왕 치잔은 팽 지안유가 쓰러진 것을 확인한 뒤 침실 밖으로 나왔어요.

양 지애와 리 메일린 공격

잠을 자던 양 지애와 딸 리 메일린은 방 밖에서 거친 숨소리가 들리자 잠을 깼어요. 그때 문이 열리더니 왕 치잔이 방 안으로 달려 들어와 양 지애를 공격했어요. 양 지애가 침실 밖으로 달아나자 왕 치잔은 양 지애를 쫓아갔어요. 필사적으로 달아나던 양 지애는 주방 창문으로 올라가 창틀 아래 있던 빨랫줄 지지대를 붙잡았어요. 양 지애를 발견한 왕 치잔은 다시 공격했고, 결국 양 지애는 지지대를 놓치면서 아래로 추락했지요.

왕 치잔은 이번에는 리 메일린을 공격했어요. 리 메일린은 가까스로 달아나 욕실로 들어가 문을 잠갔어요. 하지만 왕 치잔은 무지막지하게 욕실 문을 부수고 리 메일린을 공격했지요.

판결

왕 치잔은 창문에서 추락한 양 지애의 죽음은 자신과 관련 없다고 부인했지만 과학 수사의 증거는 달랐어요. 결국 왕 치잔이 장 맹, 팽 지안유, 양 지애 세 사람을 죽인 것과 리 메일린에게 치명적인 중상을 입힌 것에 대해 모두 유죄가 입증되었지요.

과학 수사대의 불명예 사건

흔한 일은 아니지만, 과학 수사대가 윤리적 행동 규범을 위반하고 사법 체계를 위험에 빠뜨리는 사건이 몇 차례 있었어요.

그중에서도 조이스 길크리스트가 악명 높아요. 길크리스트는 미국 오클라호마 경찰청 소속의 유능한 과학 수사대였어요.

흑마술사 아냐?

길크리스트는 오클라호마 경찰청에서 감식 전문가로 21년 동안 일했어요. 근무하는 동안 길크리스트의 별명은 '흑마술사'였어요. DNA 증거를 찾는 능력이 무시무시할 정도로 뛰어났거든요. 길크리스트는 3,000건이 넘는 범죄의 증거를 조사했을 뿐 아니라 여러 범죄의 증인이 되기도 했어요.

1994년, 화학 전문 과학 수사대로 일한 지 9년 만에 길크리스트는 관리직으로 승진했어요. 하지만 길크리스트의 업무 수행 방식을 보고 걱정하는 동료가 하나둘 늘어나기 시작했어요. 어떤 동료는 길크리스트가 과학적 조사가 아닌 흑마술을 써서 사람을 교도소에 보내는 게 아닌가 의심했어요.
일반 과학 수사대는 도저히 찾을 수 없는 증거를 오직 길크리스트만 찾아냈거든요.

이 문제에 의혹을 품은 한 수사관이 길크리스트가 맡았던 증거 자료를 조사했어요. 그러다가 연구실에서 불완전하고 불충분한 자료를 발견했지요. 결국 길크리스트는 분석 결과를 속이고 법정의 판단에 혼란을 주는 잘못된 증거 자료를 제시한 죄로 2001년에 재판을 받았고 직장에서도 해고되었답니다.

길크리스트가 제시한 증거 때문에 사형 선고를 받은 사람은 23명이나 되었어요. 길크리스트가 해고될 때, 23명 중 12명은 이미 사형이 집행된 상태였어요. 아직 사형이 집행되지 않았던 토드 피어스는 길크리스트의 희생양이 되는 것을 가까스로 피할 수 있었어요. 토드 피어스는 전과도 없고 사건이 일어난 1986년에 알리바이도 충분히 있었지만 억울하게 유죄 판결을 받았던 사람이에요. 길크리스트는 토드 피어스의 머리카락이 범죄 현장에서 발견된 머리카락과 현미경 조사 결과 일치한다고 주장했어요. 억울하게 15년이나 옥살이를 했던 피어스는 2001년에 다시 DNA 검사를 받고 풀려날 수 있었답니다.

윤리 의식, 도덕성이 뭐냐고?

윤리 의식과 도덕성은 깊은 관련이 있어요. 윤리 의식은 옳고 그름을 구분하는 도덕 원칙을 말해요. 도덕성은 어떤 상황이라도, 또 어떤 결과가 나오더라도 옳은 일을 추구하려는 신념이자 용기예요. 윤리 의식과 도덕성은 과학 수사대에게도 중요한 덕목이에요. 모든 분석을 객관적이고, 완벽하고, 공정하게 해야 하니까요.

과학 수사대의 비윤리적인 행동이나 잘못된 분석은 죄가 있는 사람을 풀어 주기도 하고, 아무 잘못이 없는 사람을 억울하게 죄를 뒤집어쓰게도 만들어요. 길크리스트는 명예를 높이고 싶은 욕심과 남에게 인정받고 싶은 욕망이 지나쳤고, 결국 증거 조작과 거짓 증언을 하기에 이르렀어요. 길크리스트의 잘못된 행동 때문에, 유죄로 판결이 났던 1,700개가 넘는 증거들은 모두 신뢰를 잃고 말았어요. 결국 재판이 다시 열렸고 모든 자료를 재조사하느라 어마어마한 시간과 노력을 들여야 했어요.
무엇보다 큰 문제는 교도소에서 억울한 시간을 보내야 했던 사람들의 원망과 분노가 하늘을 찌를 듯했다는 것이지요.

과학 수사대는 편견을 갖지 않는 것이 중요해요. 과학 수사대의 중요한 의무는 진실과 정의를 지키는 일이며, 자신을 고용한 사건 관련자에게 유리하게 행동해서는 안 돼요. 자신을 고용한 사건 관련자가 큰돈을 주었다는 이유로, 또는 피고가 유죄 판결을 받았으면 하는 바람 때문에 마음대로 보고서를 쓰거나 검사 결과를 만들어 내면 절대 안 돼요.

과학 수사대는 자신이 한 실험이 어떤 장점과 어떤 한계를 가지는지, 얻은 결과가 증거로서 얼마나 가치가 있는지, 분석 결과로 내릴 수 있는 결론의 범위를 정확히 알아야 해요. 과학 수사대의 작은 실수가 전혀 다른 결과를 만들기도 하니까요. 과학 수사대의 판단은 범죄와 관련된 사람뿐 아니라 그 사람의 가족, 대중, 사법 체계까지 뒤흔들 수 있는 중요한 일이기 때문에 작은 실수도 용납되지 않아요.

> 법이 당신을 증인으로 채택했다면 과학자가 되어야 한다.
> 당신은 복수해야 할 희생자도, 유죄 판결을 받아야 할 죄인도, 구해야 할 무고한 사람도 없다.
> 오로지 과학의 범위 안에서만 증언해야 한다.

폴 브루어델, 19세기 법의학자

사건 현장 들여다보기
버밍엄의 6인 사건

1974년 11월 21일, 영국의 버밍엄에서 폭탄 2개가 폭발했어요. 폭탄이 터진 곳은 버밍엄 중심부에 있던 술집 두 곳이었어요. 한 곳은 로툰다 지역 아래쪽에 있는 멀버리 부시 술집이었고, 또 다른 곳은 뉴스트리트 지역에 있는 타번 술집이었지요. 다행히 해글리 로드에 있는 한 은행 외부에 설치된 3번째 폭탄은 폭발하지 않았어요.

이 폭탄 테러로 21명이 죽고 162명이 다쳤어요. 제2차 세계 대전 이후 영국에서 가장 많은 사망자와 부상자를 낸 끔찍한 테러였지요. 버밍엄 폭탄 테러는 2005년 7월 7일 런던에서 일어난 폭탄 테러 전까지 영국에서 가장 큰 사상자를 낸 사건이었어요.

용의자들은 '버밍엄의 6인'으로 알려졌어요. 6명의 용의자들은 쉬는 시간도, 식사도, 잠자는 시간도 없이 집중 심문을 받았고 마침내 몇몇은 자백을 했어요.

1975년 6월, 버밍엄 6인의 재판이 있던 날, 배심원은 6명 모두가 유죄이고 교도소에서 평생 살아야 한다며 종신형을 판결했어요.
하지만 16년이 지난 뒤 판결이 잘못되었다는 사실이 밝혀졌고, 모두 풀려나게 되었지요.

뭐가 잘못됐냐고?

처음 조사에서 과학 수사대 화학자인 프랭크 스쿠세 박사는 용의자 6명을 대상으로 '그리스 테스트'라는 화학적 검사를 했어요. 검사 결과, 용의자 가운데 2명인 힐과 파워가 양성으로 나왔지요.

그리스 테스트는 폭발 물질에 함유된 나이트로글리세린 물질이 용의자에게 있는지 여부를 확인 또는 추정하는 검사예요. 하지만 이 검사를 통해 나이트로글리세린만 확인할 수 있는 건 아니에요. 나이트로글리세린이 아닌 다른 물질도 이 검사에서 양성 반응이 나올 수 있지요. 용의자의 몸이나 옷에 폭발 물질이 정말 있는지 또는 용의자에게 검출된 물질이 정확히 그 폭발 물질과 일치하는지 확인하려면 반드시 또 다른 확인 검사를 해야 해요. 하지만 법정에서 스쿠세 박사는 "99% 확실하다."라고 증언했고, 그리스 테스트 결과 힐과 파워에게서 폭발 물질이 검출되었다고 말했지요.

결국 잘못된 과학 수사의 결론과, 고문과 강요로 받아낸 억지 자백 때문에 아무 잘못 없는 시민 6명이 교도소에 갇혀 있었던 거예요.

잘못된 판결을 받은 무고한 사람 풀어 주기 운동

비영리단체 '이노센트 프로젝트'는 잘못된 판결을 받고 억울하게 감옥에 갇힌 사람을 풀어 주는 일을 하는 단체예요. 이 단체는 부당한 일이 되풀이되는 것을 막아 사법 정의를 바로 잡으려 노력하지요. 또한 억울하게 감옥에 갔다가 풀려난 사람들이 다시 사회에 복귀할 수 있도록 도와주는 일도 해요. 이 단체는 1992년 두 명의 변호사 피터 뉴펠드와 배리 셰크가 미국에서 설립했어요.

이 단체의 뜻에 여러 나라의 많은 단체도 합류했어요. 네덜란드, 아일랜드, 뉴질랜드, 아르헨티나, 타이완, 이탈리아, 이스라엘, 캐나다, 오스트레일리아 등도 '이노센트 네트워크'에 가입했지요.

만약 여러분이 과학 수사대라면?

첫 번째 상황

지금 여러분은 범죄 현장에서 찾아낸 증거 자료 5개를 조사하고 있어요. 자료 4개에서 얻은 증거는 모두 용의자 1명을 가리키고 있어요. 마지막 자료 1개를 조사하는 데는 2주일의 시간이 더 필요해요.

이 소식을 들은 수사관은 용의자로 지목된 사람의 분석 기록을 빨리 마무리하려고 해요. 수사관은 자료 4개를 토대로 빨리 보고서를 작성하라고 압박을 넣고 있어요. "나머지 증거 1개는 그냥 내버려 둬. 어차피 시간 낭비야."라고 말하면서요.
여러분이 이 상황에 처해 있다면 어떤 판단을 내릴 건가요?

101

두 번째 상황

과학 수사대의 선배 과학자가 샘플 100개를 조사해야 하는 아주 큰 사건을 맡았어요. 그런데 그 선배가 유통 기한이 지난 화학 물질을 분석 도구로 사용하고 있다는 사실을 알게 되었어요. 또 유통 기한이 지난 화학 물질로 직접 실험해 보니 평소와 다른 결과가 나온다는 사실도 알게 되었지요.

이 사실을 선배에게 알렸지만, 선배는 일주일 안에 법정에 사건 보고서를 제출해야 하는데 새로 실험을 해서 분석하기에는 시간이 너무 촉박하다고 대답하지 뭐예요. 여러분이라면 이런 상황에서 어떻게 하겠는지 생각해 보세요.

이러지도 저러지도 못하는 윤리적 결단이 필요할 때, 과학 수사대는 조사를 잠시 멈추고 상황을 곰곰이 생각해 보고 동료와 이야기도 나눠 보아야 해요. '과연 이것이 법적으로, 도덕적으로 옳은 일인가?', '이 상황을 해결할 다른 방법은 없는가?' 하고 말이에요.

도움이 되는 질문들

- 여러분이 취할 수 있는 행동은 어떤 것이 있을까요?
- 이러한 행동으로 나타날 수 있는 결과는 어떤 것이 있을까요?
- 여러분이 특정 행동을 하지 않았을 때, 어떤 결과가 생길 수 있을까요?

나가는 말

축하합니다!
여러분은 과학 수사의 세계를 무사히 탐험했어요.
호기심이 조금 충족되었나요?
과학 수사의 분야를 좀 더 잘 알게 되었나요?
부디 그렇게 되었기를 바랍니다.

**배움에는 끝이 없어요. 이 책을 다 읽었다고 해서
과학 수사에 대한 배움이 끝난 것은 아니에요.**
처음부터 다시 꼼꼼히 이 책을 읽어 보세요.
그리고 중간중간 나오는 질문에 스스로 답해 보고
'레벨 업' 문제도 적극적으로 풀어 보세요.

과학 수사 탐험을 함께해 준 친구들, 고마워요.

으악! 도와줘요 과학 수사대

1판 1쇄 발행일 2019년 5월 20일
글쓴이 법과학 전문가 그룹(The Forensic Experts Group)
옮긴이 박여진
펴낸곳 (주)도서출판 북멘토 펴낸이 김태완
편집장 이미숙 편집 정내현, 김정숙, 송예슬 디자인 유경희, 안상준 마케팅 이용구, 민지원
출판등록 제6-800호(2006. 6. 13.)
주소 03990 서울시 마포구 월드컵북로 6길 69(연남동 567-11) IK빌딩 3층
전화 02-332-4885 팩스 02-332-4875 이메일 bookmentorbooks@hanmail.net
페이스북 https://www.facebook.com/bookmentorbooks

※ 잘못된 책은 바꾸어 드립니다.
※ 이 책은 저작권법에 따라 보호를 받는 저작물이므로 무단 전재와 무단 복제를 금합니다.
※ 이 책의 전부 또는 일부를 쓰려면 반드시 저작권자와 출판사의 허락을 받아야 합니다.
※ 책값은 뒤표지에 있습니다.

ISBN 978-89-6319-297-0 73500

이 도서의 국립중앙도서관 출판예정도서목록(CIP)은 서지정보유통지원시스템 홈페이지(http://seoji.nl.go.kr)와 국가자료종합목록시스템(http://www.nl.go.kr/kolisnet)에서 이용하실 수 있습니다. (CIP제어번호: CIP2019014310)

인증 유형 공급자 적합성 확인 제조국명 대한민국 사용연령 8세 이상
KC마크는 이 제품이 공통안전기준에 적합하였음을 의미합니다.
종이에 베이거나 책 모서리에 다치지 않도록 주의하세요.